LE
CONGRÈS DE SAINT-ÉTIENNE

Le Congrès tenu à Saint-Étienne en 1904 a été la continuation de celui tenu l'année précédente à Bordeaux ; je veux dire qu'il a donné lieu à une discussion dont le sujet fut le même que celui qui avait été traité trois jours durant à Bordeaux. Seulement, autant les discussions, à Bordeaux, présentèrent de l'intérêt, autant celles qui se sont poursuivies à Saint-Étienne en ont manqué. Des récriminations banales et vagues, des déclamations sans portée précise, tel est le bilan du débat engagé autour de la question de la revision des statuts qui fut le point capital du débat. Ni du côté du Comité interfédéral, en opposition avec la tactique et la politique suivie par le groupe parlementaire, ni du côté des élus socialistes, venus d'ailleurs en petit nombre au Congrès, l'action, à aucun moment, ne fut décisive.

Car l'antagonisme entre le Comité interfédéral du parti socialiste et le groupe parlementaire, qui perçait seulement à Bordeaux, s'est nettement accusé à Saint-Étienne. Aux termes des statuts constitutifs du parti socialiste français, le parti est administré par un comité composé d'un représentant par fédération. Le groupe des élus socialistes formait lui-même une fédération autonome, représentée par un délégué au sein du comité. Or, comme il était facile de le prévoir, lors de la constitution du parti, l'existence à côté du groupe parlementaire d'un grand comité siégeant à Paris, se réunissant à des dates fréquentes, ne pouvait manquer, un jour ou l'autre, de provoquer des rivalités entre les deux organismes, si différents par leurs origines et par le milieu où leur action s'exerce. Les fonctions d'administrateurs du parti devaient, à la longue, paraître singulièrement monotones et peu intéressantes aux délégués des fédérations délibérant deux ou trois fois par mois à Paris, dans ce milieu politique surchauffé, où les plus futiles incidents prennent quotidiennement les proportions d'un événement de premier ordre.

Ce qui devait arriver se produisit. Les administrateurs du parti firent des manifestes — en contradiction souvent avec la politique suivie par les députés socialistes. Et pour justifier leur initiative non prévue dans la constitution du parti, ils accusèrent les élus de ne pas seconder suffisamment leurs efforts de propagande, d'entraver cette propagande par la politique qu'ils suivaient. Car toujours les rivalités de personnes ou de groupement s'abritent derrière des divergences de vues et de principes qui les légitiment.

D'ailleurs, à Paris, au sein de la fédération socialiste de la Seine, où sont pris les représentants des fédérations de province, ces divergences de vues existent. Et on est là, d'autant mieux à cheval sur les principes, d'autant plus intolérant, que ceux-ci sont plus vagues et plus imprécis. Donc, en 1903, l'influence dissolvante de Paris sur le Comité interfédéral apparut bien, mais le Congrès n'avait pas à se prononcer entre le Comité interfédéral d'une part et le groupe parlementaire de l'autre. Cette année, à Saint-Étienne, le Comité interfédéral revendiquait le droit de diriger l'action politique du parti, c'est-à-dire, en somme, de se subordonner les élus socialistes qui auraient dû prendre leur mot d'ordre au Comité interfédéral avant d'agir...

La discussion de cette proposition fut, comme on le verra plus loin, des plus confuses. C'est que, si, d'une part, une tendance plus révolutionnaire ou soi-disant telle s'opposait à celle du groupe parlementaire, elle ne se manifesta pas clairement et résolument; elle invoqua des raisons de contrôle qui eussent pu être tout aussi bien opposées à l'autorité souveraine que le Comité interfédéral revendiquait; et d'un autre côté, les élus du groupe parlementaire ne ripostèrent que mollement aux attaques de leurs adversaires.

Jaurès, toujours préoccupé de faire disparaître les causes d'antagonisme, proposa une constitution nouvelle, dont on verra plus loin le mécanisme. Elle donne une direction au parti, et dans cette direction, ce sont les élus qui peuvent facilement s'assurer leur prépondérance, si toutefois ceux-ci ne se désintéressent pas de cette direction.

Pour permettre au lecteur de se rendre compte des débats de Saint-Étienne, nous publions ci-dessous les principaux discours prononcés.

D'abord, celui du citoyen Orry, secrétaire du Comité interfédéral, qui ouvrit le feu.

DISCOURS D'ORRY

ORRY. — Je ne viens pas présenter ici un réquisitoire. Je viens simplement vous apporter un modeste plaidoyer en faveur du parti socialiste français, en faveur des fédérations, en faveur même de l'autonomie.

Comme il est dit dans le rapport du Comité interfédéral que je viens de lire au Congrès, le parti socialiste français n'a pas à l'heure actuelle de ligue politique, ou plutôt il n'a pas d'organisme chargé de lui donner une direction politique. Il est vrai que jusqu'à présent, c'est le groupe parlementaire qui en tant que représentant du pays au Parlement, a pensé pouvoir appliquer les principes du parti et les concilier à la fois avec les exigences de la politique du moment. L'on nous a dit que le groupe parlementaire devait avoir seul la direction politique du parti, puisque seul il en a les responsabilités. Ce n'est pas notre avis, car nous pensons que le groupe parlementaire ne représente pas à lui seul le parti socialiste.

Cela est si vrai que sur trente-huit fédérations dont se compose le parti, vingt-six ne sont pas représentées au Parlement. Comment ces fédérations pourraient-elles indiquer la ligne de conduite qu'elles désirent voir suivre au parti, si seul le groupe parlementaire a le droit de le faire ? Nous ne voulons pas être un Comité de contrôle, nous ne voulons pas être un Comité directeur, nous ne voulons pas voir se renouveler les errements du Comité général précédent. Nous ne voulons pas, comme on le dit implicitement, être un Conseil des Dix, mais nous tenons à discuter loyalement, en bons camarades, les questions qui intéressent la classe ouvrière, nous voulons être mêlés à la vie du parti.

Oh ! je sais bien que si l'on veut ridiculiser la proposition, l'on pourra dire qu'il sera nécessaire d'instituer au sein du Parlement un second Parlement et d'obliger le Comité Interfédéral à venir siéger dans une des salles de commissions de la Chambre, afin que chaque fois qu'un vote sera sur le point d'être émis, un camarade du groupe parlementaire se détache pour venir demander l'avis du Comité interfédéral.

Nous ne l'entendons pas ainsi. Nous ne prétendons pas venir nous imposer au groupe parlementaire dans certains votes, mais nous avons le droit, nous avons le devoir, nous parti socialiste organisé, de discuter avec les élus les grandes lignes générales du parti, les grandes questions qui intéressent le prolétariat.

Il me semble que bien souvent des conflits auraient été évités, si au lieu de faire fi du Comité interfédéral comme on l'a fait, on était venu trouver les camarades pour leur demander leur avis, et les inviter à consulter les fédérations qu'ils représentent, lorsqu'une discussion concernant des questions de politique générale intervenait à la Chambre ; on aurait ainsi évité certains votes compromettants. En ce qui concerne une question qui a fait tout récemment l'objet d'une discussion très importante à la Chambre, je veux parler du rachat des chemins de fer, il me semble qu'à ce moment-là le groupe parlementaire aurait pu consulter le pays, le parti socialiste, et envoyer ses délégués au Comité interfédéral et discuter avec les camarades sur la tactique à suivre, et pour leur indiquer les arguments fournis par les adversaires. Nous aurions voulu savoir en ce moment-là quels étaient les membres du parti qui avaient pris la parole en son nom, lorsque M. Rouvier, ministre des finances, disait, en parlant des conventions sur les chemins de fer : « On les a appelées les conventions scélérates, moi je les appelle les conventions libératrices », — nous aurions bien voulu, dis-je, qu'un membre du groupe parlementaire vienne expliquer au Comité interfédéral quels étaient les arguments invoqués par M. Rouvier et quels étaient surtout les sentiments du groupe parlementaire sur la question du rachat des chemins de fer.

Je parle de cette question parce que c'est la dernière qui soit venue en discussion, mais il en est d'autres de beaucoup plus passionnantes, il est des questions très intéressantes, qui n'ont pas été résolues, non pas seulement dans le parti, non pas seulement dans le Comité interfédéral, mais qui n'ont pas même été résolues au groupe parlementaire.

Car enfin, camarades, puisque nous sommes ici dans un congrès, nous pouvons expliquer sans acrimonie et en camarades ce qui se passe et indiquer les défauts des uns, afin que ces défauts soient corrigés.

Comment voulez-vous que le parti socialiste français puisse accepter sans rien dire, les décisions prises par le groupe parlementaire où quelquefois se trouvent réunis deux, trois ou quatre membres, pas davantage.

J'ai eu l'honneur de me trouver quelquefois au sein du groupe parlementaire. J'y suis allé représenter le parti, et apporter des motions envoyées par les fédérations, j'ai eu la grande douleur de constater que le groupe parlementaire ne se réunissait jamais tout entier. J'ai constaté bien souvent, alors que le groupe parlementaire se compose de trente et un membres, que deux, trois ou quatre camarades seulement assistaient à la fin des séances, et que celles-ci se terminaient rapidement parce que le nombre des présents était insuffisant pour prendre des résolutions.

Eh bien, si véritablement les grandes questions qui intéressent le parti, qui passionnent le prolétariat, sont discutées dans des réunions si peu fréquentées, si trois ou quatre membres seulement prennent part à la discussion de la question, je crois qu'il est utile que le Comité interfédéral vienne apporter la parole des travailleurs, des représentants des fédérations. (*Applaudissements.*)

D'ailleurs, je crois que le groupe parlementaire ne se trouverait que mieux de la constitution d'un organisme qui facilitera sa tâche. On a parlé de ses responsabilités. Nous pensons que son intérêt serait de supprimer cette responsabilité. Nous pensons qu'il serait bon pour lui que bien souvent ces décisions fussent dirigées par l'esprit des fédérations ; nous pensons qu'il serait bon que les fédérations, comme je le disais tout à l'heure, que les vingt-six fédérations qui n'ont pas d'élus puissent venir apporter au sein du parti leur conception et leur pensée.

Enfin tout le monde se plaint, et je crois qu'ici les camarades de province seront unanimes à le dire, tout le monde se plaint que la propagande a été mal faite. Pourquoi cela, camarades ? Je sais bien que c'est parce que le groupe parlementaire n'est pas constitué comme il devrait l'être. Je sais bien que c'est parce qu'il existe dans le groupe parlementaire des camarades qui n'ont pas satisfait à l'article 15 des statuts. Je sais qu'il existe dans le groupe des camarades qui ne devraient pas appartenir au parti. Vous riez, citoyen Rouanet, laissez-moi vous dire ici que le groupe parlementaire n'aurait pas dû déléguer au congrès du parti deux membres qui n'appartiennent pas au parti...

ROUANET. — Je n'appartiens pas au parti ?...

ORRY. — Non. Ni vous ni Deville n'appartenez au parti socialiste français.

ROUANET. — En 1882, un guesdiste me disait déjà cela, mais depuis il a coulé de l'eau sous le pont.

ORRY. — Je prétends, sans vouloir chercher de querelle personnelle à personne, je prétends que le groupe parlementaire a eu la main malheureuse en déléguant des camarades qui, en fait, en droit, n'appartiennent pas au parti socialiste français. Oh, je ne dis pas que vous n'apparteniez pas au parti socialiste, mais j'affirme que le groupe de Clignancourt, qui vous a fait élire et dont vous relevez, n'a pas satisfait aux exigences des statuts, que les statuts obligent les groupes, pour appartenir au parti socialiste français, à cotiser à ce parti.

Le groupe de Clignancourt est le seul qui, parmi les anciens groupes, n'ait pas acquitté ses cotisations. Et comment voulez-vous qu'un parti vive, qu'il fasse de l'action, de la propagande, si les groupes importants comme le vôtre, qui se composent de 200 ou de 300 membres, ne prennent pas de cartes. Vous nous obligez à une faillite morale parce que vous ne cotisez pas.

En un mot, citoyen Rouanet, vous savez très bien que je ne vous fais pas, en ce moment-ci, un procès de tendance, vous savez très bien que cela ne s'applique pas à vous particulièrement, mais enfin, laissez-moi vous dire que le groupe parlementaire, en la circonstance, aurait pu se dispenser d'envoyer à ce congrès des camarades qui n'appartiennent plus à ce parti depuis un mois.

ROUANET (*ironiquement*). — Alors je n'ai qu'à me retirer. Il fallait le dire tout à l'heure et ne pas me laisser nommer membre des commissions. Il ne fallait pas introduire de brebis galeuses dans votre sein.

ORRY. — Citoyen Rouanet, dans le groupe parlementaire qui

se compose de trente et un membres, il est bon que ce soit dit une fois pour toutes, il y a quinze membres qui, d'après les statuts, ne devraient pas en faire partie. L'article 15 oblige les membres du parti, les délégués et les élus, à adhérer au parti. Vous savez très bien que pour appartenir à notre parti il faut avoir des fédérations, il faut avoir affiché le programme du parti, avoir en un mot fait acte de militant, et c'est justement là ce qui vient à l'appui de ma thèse.

Comment voulez-vous que des fédérations aient une confiance sans borne dans un groupe parlementaire qui se compose de membres ayant en effet souscrit aux obligations du parti, mais qui n'ont pas affiché son programme ? Comment voulez-vous, camarades, que nous puissions conserver avec nous des fédérations si nous ne leur donnons pas une part délibérante dans nos assemblées ? Comment voulez-vous que nous conservions ces fédérations auxquelles on refuse le droit de pouvoir discuter leurs intérêts ? Nous leur demandons de cotiser, de prendre des cartes, de payer leur dîme, en un mot de nous apporter la force vive du parti, mais lorsqu'il est question de leur donner une tribune, de leur procurer un endroit où il leur sera possible d'exposer leurs revendications, cela leur est refusé parce qu'ils n'ont pas de représentants au groupe parlementaire.

Eh bien, camarades, c'est pourquoi je demande qu'à côté du groupe parlementaire il y ait un organisme qui, d'un commun accord avec ce groupe, loyalement et en bons camarades, discute avec lui les projets de loi intéressant la classe ouvrière, discute avec lui la direction politique du parti et qui, en un mot, continue ce qui a été fait quelque jours après le congrès de Tours, c'est-à-dire à diriger la politique du parti, puisque après ce congrès on a demandé au Comité interfédéral de bien vouloir prendre cette responsabilité sur la question du bloc républicain sur laquelle s'engageait le groupe parlementaire.

En conséquence, je dépose sur le bureau la proposition suivante :

« Le congrès décide de modifier l'article 28 des statuts du parti socialiste français (l'ancien article 28, c'est-à-dire l'article 22 actuel) ».

Le citoyen Marmonnier, de Paris, répondit à Orry, en lui opposant le fonctionnement autrement singulier du Comité interfédéral.

Après quoi, Ducos de la Haille reprit le réquisitoire d'Orry :

DISCOURS DE DUCOS DE LA HAILLE

Ducos de la Haille. — Citoyens, le Comité interfédéral propose au Congrès la modification de l'ancien article 28 des statuts, c'est-à-dire le vote du nouvel article 23, en vertu duquel la direction politique du parti appartiendrait au Comité interfédéral.

Il est certain que pour des militants socialistes un mot dans le nouveau texte est choquant, c'est celui de « direction ». Nous en avons été choqués nous-mêmes, mais le Comité interfédéral a été bien embarrassé pour trouver une expression qui rendît sa pensée. S'il s'est arrêté à celle-là, il ne faut pas qu'il y ait d'équivoque sur le sens que nous lui donnons. Le Comité interfédéral n'a pas eu l'intention de demander au Congrès la création d'un organisme directeur si l'on entend par là un organisme transcendant qui ferait dans son sein une politique spéciale et qui prétendrait imposer cette politique au parti socialiste. Nous demandons que la direction du parti socialiste appartienne au Comité interfédéral, mais il faut se rendre compte que dans notre esprit, et en fait, au lieu d'être des directeurs, nous serons des dirigés, obéissant au mandat impératif de nos fédérations. (*Applaudissements.*)

Actuellement, il n'y a ni direction, ni organisation et c'est véritablement l'anarchie. Quelque avis que l'on ait sur la solution de la question, on ne peut nier qu'une question se pose, on ne peut nier qu'il faille organiser le parti à ce point de vue et faire cesser l'anarchie.

Permettez-moi de préciser davantage. Nous sommes tous d'accord, citoyens (et cette fois nous pouvons employer le mot direction) pour reconnaître que la direction de notre parti appartient aux Congrès nationaux, mais vous ne pouvez faire qu'au point de vue pratique, dans l'intervalle des congrès qui s'espacent d'année en année, il y ait dans la politique socialiste d'autres graves questions qu'il importe de résoudre, qui exigent une solution rapide. Quand on est venu proposer à Millerand la participation ministérielle et à Jaurès la vice-présidence de la Chambre, quand le roi d'Italie est venu en France, il y avait là des questions politiques sur lesquelles le parti socialiste devait prendre une décision. Et puisque l'on ne pouvait réunir un Congrès pour régler la politique du parti sur ces points, si vous ne voulez pas la laisser aller à la dérive, la subordonner à des appréciations personnelles, il convient, il est de toute nécessité que le parti socialiste s'exprime par une voix autorisée, par un organisme qui puisse prendre les décisions nécessaires. Et vous voyez nettement, camarades, ce que nous vous demandons de créer : un organisme exécutif dans l'intervalle des congrès. Il sera appelé à agir quand on ne pourra faire jouer ce mouvement très lent qui consiste à faire délibérer les groupes sur une question, faire délibérer ensuite les fédérations sur le même sujet et réunir enfin le Congrès national pour prendre la décision définitive.

Vous m'avouerez que si l'on était obligé de procéder selon un système aussi long, aussi lent, aucune solution ne pourrait intervenir à temps dans les questions qui nécessitent une décision rapide.

Donc, il devient indispensable d'instituer dans le parti socialiste, si vous ne voulez pas voir régner le désordre, un organisme qui prendra des décisions dans ces conditions-là.

Cela posé, voyons actuellement comment les questions de politique générale du parti sont résolues et par qui est exercée la direction.

Orry vous disait : « Le groupe parlementaire refuse toute espèce de contact avec le Comité interfédéral, le groupe parlementaire délibère à huis clos, prend telle ou telle décision et l'impose ensuite au parti ». C'est exact et nous demandons de quel droit le groupe parlementaire agit ainsi et nous disons que cet état de choses est autoritaire, anarchique et nous n'en voulons plus. (*Applaudissements.*)

A côté du groupe parlementaire se trouve un autre organisme, le Comité interfédéral qui aurait bien, j'imagine, le droit de prendre part aux décisions puisqu'il est composé de délégués des fédérations autonomes.

Mais actuellement, en fait, la direction du parti appartient au groupe parlementaire, dirigé lui-même par deux ou trois grands chefs et par un journal.

Ce temps a assez duré : il faut que la voix des hommes se taise, il ne faut plus que notre parti soit dirigé par quelques personnalités, quels que soient leurs mérites. Nous essayons d'être justes envers chacun, nous ne faisons pas le procès des hommes, mais d'une organisation défectueuse, nous saluons avec respect Jaurès, Briand, Rouanet, nous ne voulons pas les mettre en cause, mais il faut que la direction du parti socialiste appartienne au parti socialiste lui-même et alors qui sera qualifié pour parler en son nom ? Sera-ce le groupe parlementaire ? sera-ce le Comité interfédéral ? (*Mouvements divers.*)

Soyez tranquilles ! si vous avez l'intention de soulever des critiques contre le Comité interfédéral, vous ne serez pas plus cruels que je ne vais l'être tout à l'heure, mais permettez-moi de commencer mon procès par le groupe parlementaire.

Le groupe parlementaire de quoi est-il composé ?

Briand. — Le groupe parlementaire est composé de députés et le Comité interfédéral de candidats.

Ducos de la Haille. — Notre camarade Briand a beaucoup d'esprit, mais je me permettrais de lui dire qu'il a été candidat et du Comité interfédéral avant d'être élu et du groupe parlementaire. Il a suivi la filière.

Voyons, camarades, comment se compose le groupe parlementaire socialiste.

D'après nos statuts, tout candidat doit signer et afficher le programme et la déclaration de principes du parti : l'article 15 l'exige, mais il y a des députés à qui une franchise aussi brutale semble sans doute inconvenante, quelques-uns se disent que les radicaux ne sont pas de mauvais diables, qu'il ne faut pas les effrayer, leur appoint étant nécessaire dans la bataille, d'autres sont encore plus habiles et, ma foi, sans se rapprocher des cléricaux, ils laissent certains de leurs amis les dépeindre comme trop élégants pour manger du curé, certains ne sont pas opposés à certaines transactions avec le parti de droite... (*Rires.*)

Il y a eu des pactes dans le monde socialiste, avoués ou cachés. Le plus illustre ne nous appartient pas en propre. Mais vous savez très bien au point de vue général ce qu'est une élection. C'est une série de pactes, c'est un jeu d'équilibre, et le candidat, s'il n'est pas absolument imbu des principes socialistes, essaie par tous les moyens de gagner un siège — s'il est élu, il essaie par tous les moyens de le garder. Dans ces conditions, la préoccupation électorale prime souvent dans son esprit la préoccupation socialiste.

Je dis par conséquent qu'il serait mauvais pour le parti de confier sa direction politique aux élus, non pas que je croie que les députés socialistes soient plus mauvais que d'autres, loin de là, mais parce que j'estime que quand il s'agit de questions de principes, de l'avenir et de la propagande d'un parti, il ne faut pas confier la direction de ce parti à des hommes qui ont d'autres intérêts à servir en vue de leur réélection. Ils sont amenés, qu'ils le veuillent ou non, à des compromissions, ils sont amenés à être en espèce de galanterie avec les autres partis, ils sont les obligés de ceux qui ont ramené sur eux au second tour les voix de leurs électeurs et ce ne sont pas eux qui peuvent savoir quel est le véritable intérêt du parti socialiste parce qu'ils cherchent surtout le véritable intérêt de leur réélection. (*Applaudissements. — Très bien! très bien!*)

Rouanet. — Vous jetez la suspicion sur tous les élus.

Ducos de la Haille. — Je ne voudrais pourtant pas que mes paroles fussent dénaturées. Contrairement à ce qu'on a dit, je ne jette de suspicion sur personne; mais je trouve que par la logique même des choses, les députés représentent forcément cet intérêt personnel. Ils y pensent continuellement et ne peuvent plus avoir l'esprit complètement dégagé, suffisamment isolé pour pouvoir considérer seulement l'intérêt supérieur du parti. (*Très bien! très bien!*) Au Comité interfédéral, on a pu faire des reproches, et ces reproches ont été mérités. On a dit que le Comité interfédéral se composait de membres souvent très jeunes qui avaient débuté dans le parti par le Comité interfédéral (ce n'est pas du côté de nos amis qu'il faut les chercher); on a pu dire que le choix des fédérations s'était porté sur des membres qui n'appartenaient même pas au parti. Cette fois je ne sais si Briand va m'interrompre...

BRIAND. — Allez, cela dépendra. (*Rires.*)

DUCOS DE LA HAILLE. — Lorsque le citoyen Briand était secrétaire du Comité interfédéral, il n'appartenait à aucune fédération adhérente au parti...

BRIAND. — Comment, je n'appartenais à aucune fédération ? Si vous n'êtes pas mieux documenté quand vous dirigerez les destinées du parti socialiste, le groupe parlementaire sera bien à plaindre.

DUCOS DE LA HAILLE. — Si j'ai pu me tromper, c'est à la suite d'une affirmation qui m'a été faite au Comité interfédéral.

BRIAND. — Par qui ?

Cela fait donc deux membres du Comité interfédéral qui sont mal documentés.

Je ne voudrais pas, la question s'étant généralisée, la ramener à un fait personnel, mais vous avouerez qu'il est puéril de faire de semblables déclarations.

Il est étonnant qu'un militant qui est dans le parti depuis pas mal d'années, qui a participé à tous les congrès du parti, qui a dû représenter pour cela des groupes, qui a eu des mandats contrôlés, lequel militant a été secrétaire du parti pendant deux ans, soit accusé de n'appartenir à aucune organisation. Il faut que ce parti soit bien mal organisé pour n'avoir pas su que son secrétaire ne représentait même pas un groupe. C'est le procès de votre parti que vous faites en ce moment, ce n'est pas le mien. C'est lamentable.

DUCOS DE LA HAILLE. — Je veux bien admettre une erreur qui n'a aucune importance. (*Protestations. — Bruit.*)

Je dis, camarades, que cette erreur n'a pas d'importance au point de vue du raisonnement, car je ne me suis pas proposé de faire contre Briand une imputation désagréable, et qu'à défaut de son exemple, j'en citerai un autre, indiscutable celui-là, et je ferai remarquer à nos adversaires que, dans l'espèce, s'ils démolissaient tous nos exemples, ils arriveraient à un résultat qu'ils ne souhaitent peut-être pas : ils démontreraient la bonne organisation du Comité interfédéral. Je veux dire à Briand que je regrette d'avoir été mal informé mais j'ajoute que si les délégués du groupe parlementaire avaient assisté...

BRIAND. — J'ai assisté à deux ou trois réunions, aux réunions intéressantes.

DUCOS DE LA HAILLE. — Il y en a donc qui ne le sont pas.

Il faut croire que celles du groupe parlementaire ne le sont pas davantage puisqu'on n'y assiste pas non plus.

BRIAND. — Cela prouve que vous ne connaissez guère le fonctionnement du groupe parlementaire. Je vous demande pardon de vous avoir interrompu, je ne recommencerai pas.

DUCOS DE LA HAILLE. — Il fonctionne à vide... Je disais donc, citoyens, que le Comité interfédéral tel qu'il est composé actuellement n'offre certainement pas la somme de garanties suffisantes pour devenir cet organisme d'exécution qui est nécessaire dans le parti socialiste, cet organisme de décision. Il n'y a actuellement ni conditions d'âge ni conditions de stage. Il faut le dire encore, le plus grave reproche qui aurait pu être fait aux délégués du Comité interfédéral, doit être adressé aux fédérations elles-mêmes.

Les fédérations devraient sentir que leur premier devoir pour donner une certaine autorité morale à leurs délégués serait de choisir soigneusement des camarades qui ont fait leurs preuves et qui représentent leurs idées. Au début, beaucoup s'adressaient à un journal, un rédacteur centralisait ce service, et il cherchait dans ses amis, dans ses relations des délégués au Comité interfédéral. Il y a eu une usine pour la fabrication des délégués.

Il est bien évident qu'un Comité interfédéral ainsi composé ne peut représenter un parti ; mais je constate d'abord que ces errements ont pris fin, ensuite que les nouveaux statuts vous proposent d'exiger des délégués certaines garanties : il sera nécessaire d'avoir vingt-cinq ans d'âge et trois ans de stage dans le parti. De la sorte, il ne sera plus possible de déléguer au Comité interfédéral des citoyens qui n'appartiennent pas au parti.

Le cas existe. J'ai pu tout à l'heure mal choisir mon exemple : je vous en dois un autre. Le citoyen Kociusko vient de quitter le Parti socialiste français, de démissionner du groupe de Picpus et de la fédération de la Seine. Eh bien cela n'empêche pas qu'il est délégué au Comité interfédéral, qu'une fédération de province dans un ordre du jour communiqué à la presse, revendiquant son autonomie, prétend l'imposer au parti, de sorte que selon ses statuts actuels, on peut être délégué au Comité interfédéral sans être membre du parti.

Dans ces conditions, le Comité interfédéral ne pourrait prétendre au rôle qu'il réclame, mais du jour où les fédérations feront leur devoir en choisissant un militant représentant leurs idées, en gardant le contact avec leur délégué au Comité interfédéral, en lui donnant un mandat impératif pour le sens général de ses votes, je vous défie de dire que le Comité interfédéral ne représentera pas le Parti socialiste français parce que le vote du Comité interfédéral sera le vote de toutes les fédérations, parce qu'il sera un Congrès permanent.

Quelle différence y a-t-il entre ce Congrès permanent et notre Congrès national ? Est-ce que le Comité interfédéral n'est pas composé des délégués de toutes les fédérations ? Quelle défiance pouvez-vous avoir contre lui puisqu'il est composé de vos mandataires et qu'il suit vos ordres ? Vous dirigez ses membres, préférez-vous abdiquer aux mains des élus ? Le Comité interfédéral est le Congrès permanent, il assure la représentation intégrale du parti, il est l'organisme, essentiellement constitué sur les bases fédératives, chaque fédération autonome ayant sa voix dans la direction du parti, pouvant agir directement sur ses délégués qu'elle change ou casse à son gré. N'est-il pas inadmissible que le groupe parlementaire ait la direction du Parti pour une raison plus décisive encore : c'est que de la sorte les fédérations qui n'ont pas d'élus, quatorze fédérations je crois sur trente-neuf, n'auront aucune action sur la politique et sur les destinées du parti socialiste. Avez-vous envisagé les conséquences, l'injustice d'une pareille exclusion ?

On viendra nous dire : mais le Comité interfédéral représente un nombre infime de voix : dix mille cotisants environ qui ont pris leurs cartes du parti tandis que le groupe parlementaire représente plus de 300.000 voix socialistes.

Qu'est-ce que cela prouve ? Est-ce que le parti socialiste se compose des voix électorales qui peuvent par discipline républicaine faire bloc sur les socialistes, qui peuvent tenir compte de la valeur personnelle du candidat ou des circonstances locales ? Cette foule doit-elle diriger le parti ? Non, le parti socialiste véritable, c'est le parti socialiste organisé, c'est l'ensemble des membres qui appartiennent à des groupes, y discutent les questions sociales et paient leurs cotisations. Les militants seuls ont le droit de tracer au socialisme les voies de son avenir. Les militants forment les groupes, le groupes s'agrègent en fédérations. La fédération a son délégué au Comité interfédéral : voilà l'enchaînement logique de l'organisation fédérative. Voilà l'organisme général, national, qui doit prendre les décisions dans l'intervalle des Congrès car toutes les fédérations y sont représentées. C'est le parti se dirigeant lui-même. Ce n'est pas un comité directeur, comme je le disais au début de mes observations, c'est le parti par la voix d'un mandataire essentiellement révocable, maître de ses destinées.

Telle est, à mon avis, citoyens, la solution à adopter par le congrès pour faire cesser l'anarchie qui règne dans le parti, et pour supprimer le pouvoir autoritaire de quelques hommes dont l'influence, due au talent, ne saurait remplacer les avantages d'une solide organisation.

Aristide Briand répondit à Ducos de la Haille, voici son discours :

DISCOURS DE BRIAND

Aristide Briand. — L'échange d'explications, auquel nous nous livrons dans ce congrès, était nécessaire pour dissiper les malentendus qui nous divisent sans atteindre toutefois au fond même de la doctrine socialiste; aussi, quelle que soit la divergence de nos idées sur les points en litige, il nous suffira de les exprimer sous une forme courtoise et de garder le respect des opinions contraires, pour que notre bonne camaraderie n'ait pas à souffrir des hasards et des vivacités de la discussion. (*Assentiment unanime.*)

Ce ne sont pas, citoyens, telles ou telles opinions particulières qui sont en jeu dans ce débat; c'est le principe même de notre constitution intérieure, de la réglementation de nos rapports qui se pose devant vous. Il s'agit, en effet, de savoir si notre parti fixera enfin les bases d'une réelle autonomie ou s'il reviendra au système de centralisation que nous avons déjà pratiqué et dont les fédérations elles-mêmes ont demandé la suppression en termes formels.

Le système centralisateur a fonctionné d'abord dans le comité d'entente au sein duquel les diverses organisations avaient établi entre elles des rapports de simple voisinage, puis, après de regrettables scissions, dans le comité général dont les éléments étaient reliés par des attaches plus étroites. Il n'est pas téméraire d'affirmer que ce système a risqué à certaines heures de jeter le parti dans un véritable état d'incohérence; l'expérience l'a condamné.

Oui, citoyens, l'organisme de centralisation qui fonctionna au comité général était marqué d'un vice profond qui en faussait les rouages. Les questions d'intérêt général, de propagande et d'organisation, qui impliquent un effort sérieux et continu, eurent rarement le don de captiver l'ensemble des délégués; mais si, par contre, on avait inscrit à l'ordre du jour quelque irritante question personnelle, l'examen du vote ou de l'attitude d'un élu, par exemple, la salle de réunion battait son plein; tous les délégués accouraient, appuyés de leurs suppléants, et les discours pleuvaient, entrecoupés d'interruptions agressives qui soulevaient de véritables tumultes. Il y avait foule dans les séances qui promettaient, comme un régal de choix, la flétrissure ou l'excommunication majeure d'un élu socialiste. Et en somme, qu'avait-on fait? Beaucoup de bruit pour rien. On avait péroré, vitupéré, vilipendé; — autant en emportait le vent.

Les questions de personnes troublent et enveniment tous les débats; elles ne nous firent aboutir qu'à rédiger des formules impératives qui ne tenaient aucun compte de la réalité et de la complexité des choses; les gouvernements les plus autoritaires auraient pu nous envier la lettre et l'esprit de ces motions de blâme et de flétrissure dont nous étions si prodigues, mais qui n'avaient qu'une force factice, parce qu'elles étaient dénuées de toute sanction. Et pendant ce temps-là, l'essentiel, la propagande socialiste, demeurait en souffrance. (*Vive approbation.*)

Et cependant, sous prétexte de corriger l'incohérence plus apparente que réelle de nos votes, on paraît vouloir placer tous les élus sous une rigide tutelle qui ferait d'eux des espèces d'automates dépourvus de toute responsabilité.

Le citoyen Ducos de la Haille nous adresse ce reproche avec une certaine amertume ; ne serait-il pas le jouet d'une illusion qui le porte à confondre la tactique et les principes ? Les congrès veillent sur l'unité des principes qui demeurent sous cette égide intangibles et souverains. Mais n'est-il pas abusif de tenter, entre deux assises plénières du parti, la réalisation de l'unité de tactique ? Comment réglementer d'avance ce qui varie avec les circonstances et doit s'adapter aux sinuosités et à l'imprévu des débats parlementaires ?

Il est véritablement impossible de prévoir et de fixer les votes des élus dans telle ou telle question, à moins que les principes socialistes n'y soient absolument engagés, tant le mouvement parlementaire renferme d'inattendu, et déroute le calcul des probabilités. Il faut, devant une brusque manœuvre de la réaction, prendre une décision rapide sans avoir à peine le temps de délibérer ; opérer des changements de front qui déconcertent. La réglementation de la tactique est une chimère.

Les fédérations, lasses de cette agitation vaine, élevèrent des protestations véhémentes ; elles manifestèrent leur volonté expresse de s'arracher à l'influence des personnalités parisiennes qui tendaient à soumettre tout le parti à leur mentalité ; quelques-unes même menacèrent de déserter et de se retirer sous leur tente, si cet état de choses ne changeait pas ; certaines menaces furent suivies d'exécution.

C'est, vous le savez, pour obéir aux injonctions sévères et réitérées des fédérations que fut créé le Comité interfédéral qui eut l'autonomie pour base. Dans le congrès qui fonda ce troisième organisme il fut nettement stipulé que les délégués qui en feraient partie s'appliqueraient avant tout à remplir un rôle d'administrateurs et de propagandistes ; ils avaient pour devoir de diriger les efforts communs vers l'unique but, — la multiplication des adhésions au clair idéal qui nous rassemble.

Les errements du passé avaient malheureusement des racines vivaces que la conception nouvelle n'eut pas la vertu d'extirper. L'obscure besogne administrative est encore dédaignée ; le fécond devoir de propagande demeure à l'arrière-plan ; c'est la tenace passion du contrôle qui prévaut et impose sa tyrannie aux amours-propres caressés. Au lieu de tourner les yeux vers le pays socialiste qui sollicite ses efforts, le Comité interfédéral, comme ses devanciers, ne regarde que le Parlement dont les moindres actes semblent l'hypnotiser.

A voir le Comité interfédéral concentrer toute son attention sur les actes et les paroles des élus, ne dirait-on pas vraiment qu'il n'y a en dehors du milieu où ils règnent, aucune vitalité socialiste ? Passe encore, si l'on nous surveillait avec cette indulgence sympathique et cette sagacité bienveillante qui dénotent l'appréciation de la complexité de notre tâche et de la sincérité de notre action. On ne nous surveille avec une rigueur méfiante que pour trouver le moyen de répandre sur nous les plus amères et les plus injustes critiques ; on développe une sorte d'atmosphère de suspicion dans laquelle il nous est difficile d'évoluer.

Un autre sentiment, plus singulier encore, se fait jour dans les critiques que l'on nous prodigue généreusement, — la crainte de voir surgir ou grandir dans notre milieu telle ou telle personnalité dont le talent exercerait une sorte de dictature. Étrange et chimérique préoccupation qui, s'il était possible de la traduire en actes, ne tiendrait à rien moins qu'à pousser toutes les intelligences sous une sorte de toise égalitaire dont il leur serait interdit de dépasser le sommet ! Vous ne pouvez pourtant pas décréter l'égalité des talents.

Non, citoyens, l'ascendant irrésistible de la pensée et du verbe qui en est l'expression, ne fut jamais un péril sur la route qui mène vers l'idéal commun ; le talent est une lumière et une force qui guident et activent la marche de la collectivité socialiste.

On nous objecte encore le mélange de nos suffrages où figurent un grand nombre de voix qui ne sont pas socialistes et peuvent entraîner, sous l'impulsion des intérêts électoraux, une déviation plus ou moins nette du vote de l'élu. D'où nécessité de la tutelle, du contrôle. Cette objection ne porte pas. C'est en effet une fédération socialiste qui choisit le candidat et lui donne l'investiture ; c'est elle qui l'envoie au Parlement ; c'est elle aussi, par conséquent, qui lui confère le mandat qui nous ouvre les portes du congrès et consacre notre droit de discuter ici sur un terrain large et libre où nous sommes vos égaux. (*Murmures prolongés.*)

Oh ! je ne me méprends pas sur le sens de ces murmures. Et je songe amèrement que si les modifications proposées par le citoyen Orry étaient sanctionnées par ce congrès, les élus socialistes français auraient une posture qui provoquerait l'hilarité ou la pitié des camarades des autres pays. Votant sur des indications déterminées d'avance, ce ne seraient plus que des irresponsables, des mineurs en tutelle, des enfants auxquels on dicterait une leçon. L'investiture dont la fédération les aurait revêtus ne serait qu'une dérision, puisque le congrès souverain les aurait affranchis de l'obligation de prendre contact avec leurs mandants. Ne craignez-vous pas, citoyens, que les fédérations dont ils relèvent ne s'insurgent contre des propositions tyranniques et avilissantes qui rejaillissent, pour ainsi dire, sur elles, après avoir atteint leurs élus ?

Mais les fédérations, fort heureusement, connaissent leurs droits,

— les droits imprescriptibles dont les Congrès eux-mêmes ont la sauvegarde ; elles sauraient au besoin en imposer le respect. S'il est vrai qu'il leur appartient de choisir le candidat et de lui donner l'investiture socialiste, n'est-il pas conforme aux règles les plus élémentaires de la logique et de la raison, qu'elles aient le droit de surveiller la façon dont leur élu accomplit son mandat. Il faut de toute nécessité, accorder aux fédérations et à elles seules, le pouvoir de contrôler, ou bien rayer d'un trait de plume dans nos statuts la clause essentielle qui fonde notre constitution sur le principe de l'autonomie fédérative.

Jean Longuet. — Il y a des fédérations qui ne contrôlent pas leurs élus.

Aristide Briand. — Si votre interruption, citoyen Longuet, exprime un fait réel, c'est la fédération elle-même qu'il faut mettre sur la sellette ; c'est elle qui encourt le grave reproche d'insouciance, d'inconscience, — et alors c'est le parti tout entier qui tremble sur sa base fondamentale et menace ruine ; mais je persiste à croire, jusqu'à preuve absolue du contraire, que cette affirmation n'est qu'une simple boutade et que les fédérations connaissent leurs droits et remplissent leurs devoirs vis-à-vis des élus.

Je reconnais cependant que tout est loin d'être parfait dans notre organisation socialiste, qui n'est pas encore pénétrée assez profondément de l'esprit d'abnégation et de sacrifice. Les militants n'apprécient peut-être pas assez l'importance de l'effort ardent et continu, mais obscur bien souvent, qui consiste à répandre la bonne parole dans les milieux réfractaires à nos idées, — de l'effort humble, mais pratique des cotisations individuelles qui maintiennent et accroissent les ressources financières des groupes. Comment les fédérations pourraient-elles alimenter le Comité interfédéral si la force financière des groupes souffre de l'insouciance des militants ?

Le vice capital du parti réside dans un autre fait sur lequel on ne saurait trop insister. — L'esprit véritable des fédérations ne se reflète pas exactement dans l'organisme central qui les relie. Il est indispensable que les membres du Comité interfédéral aient des contacts fréquents avec les groupements qu'ils représentent, qu'ils en connaissent les aspirations et les besoins. C'est parce que ces conditions nécessaires ne sont pas remplies que ce Comité est radicalement impuissant à faire appliquer l'esprit de notre constitution.

Ce n'est pas, je dois le dire, la seule constatation attristante. Les élus socialistes, je le reconnais volontiers, ne prennent pas, eux non plus, assez fréquemment contact avec leurs propres milieux. Leurs trente pauvres unités parlementaires semblent, par moments, comme noyées dans l'immense représentation de la bourgeoisie capitaliste. Le seul moyen d'atténuer en eux et autour d'eux l'impression de faiblesse qui résulte de cette inégalité, c'est d'aller se retremper sans cesse dans le fonds d'inépuisable énergie prolétarienne des milieux organisés ; c'est là, et là seulement, qu'ils peuvent trouver un incessant renouveau de force, de courage et de confiance.

Puisque nous sommes tous, à la Chambre comme au Comité interfédéral, l'émanation du prolétariat, c'est d'un effort commun que nous devons accomplir les devoirs qui font notre raison d'être, — oui, d'un effort commun, et d'un effort égal. Ce n'est pas, croyez-le bien, en revenant aux errements du passé que cet effort sera plus intense et plus fécond. Le citoyen Ducos de la Haille pense le contraire, puisqu'il désire restituer au Comité interfédéral la *direction* du parti, sans avoir, d'ailleurs, pris la peine de préciser ce terme. Son illusion serait brève. Le pouvoir de contrôle aurait bien vite réveillé les violentes passions d'antan qui jetèrent le parti dans une situation voisine de l'anarchie et provoquèrent, à certaines heures, la risée de la presse bourgeoise.

Oh ! je sais bien que l'on aurait beau jeu à frapper une assemblée de travailleurs par des affirmations catégoriques qui plaisent à la pensée simpliste des foules. « Les hommes ne sont rien, dirait-on ; c'est la collectivité socialiste qui est souveraine ; les volontés individuelles doivent s'incliner devant elle. » Et des applaudissements frénétiques éclateraient ; mais le lendemain, lorsqu'on serait aux prises avec la réalité, on se heurterait à des difficultés insurmontables. Le problème reparaîtrait tout entier, aussi ardu, aussi redoutable.

J'ai dit là-dessus mon opinion sans ambages ni détours. L'autorité dictatoriale dont le Comité interfédéral serait revêtu ne serait pas seulement un leurre, mais un danger grave ; elle n'amoindrirait pas seulement le mandat des élus transformés en simples machines parlementaires, elle blesserait profondément les sentiments de liberté et de solidarité des groupements ; elle réduirait à néant le principe même de notre constitution.

L'unité fédérative ne serait plus qu'un vain mot.

Et c'est pour cela, citoyens, qu'au début de la législature j'ai proposé une réunion dans laquelle les élus socialistes discuteraient avec les membres du Comité interfédéral pour poser les bases d'une entente durable. On y devait envisager la situation nouvelle de notre groupe, obligé, dans telle ou telle circonstance, de prendre contact avec ses voisins de gauche.

Rappelez-vous, citoyens, que cette discussion s'est close par un vote unanime aux termes duquel les élus socialistes devaient s'unir aux groupes de gauche pour soutenir un gouvernement démocratique qui avait besoin pour vivre d'être soutenu par tout le bloc républicain.

Rappelez-vous aussi que l'on prit garde de nous signaler les inconvénients de cette union qui pourrait nous entraîner à faire des promesses trop fermes qu'il nous serait impossible de rompre sans compromettre l'honneur du prolétariat.

Nous envisageâmes également la question de la vice-présidence, et nos camarades du Comité interfédéral considérèrent que le premier avantage à retirer de l'alliance devait consister à exiger un poste de vice-président.

Il semble, à vous entendre, que nous ayons compromis les intérêts du prolétariat. Ce n'est pas vrai; nous avons conscience de les avoir servis, d'avoir agrandi le socialisme par l'attitude que nous avons adoptée et suivie avec une continuité d'efforts qui fait honneur au parti socialiste. Nous avons pris cette attitude sur vos indications. Qu'auriez-vous fait de plus si vous aviez été un organe directeur?

Vous avez parlé des incidents de la Bourse du Travail. Nous nous sommes séparés, mes amis et moi, sur cette question. Je n'ai pas voté comme certains de mes bons amis; mais si je puis affirmer que je l'ai fait avec la conviction d'avoir raison, je puis affirmer également chez mes camarades une loyauté et une sincérité identiques, le désir profond de servir le prolétariat.

Vous manifestez à ce propos le désir de voir se réaliser parmi nous l'unité de vote; c'est là un désir illusoire et puéril. Jusqu'à ces derniers temps les membres du groupe révolutionnaire opposaient leur attitude unifiée à la nôtre; ils disaient : « Nos actes sont absolument identiques; nous avons une communauté de vues absolue; tous nos actes et tous nos gestes se ressemblent. » Cela était vrai jusqu'au moment où certaines difficultés, qui devaient naître pour eux comme pour nous, se sont produites. A mesure que l'attitude loyale et ferme du Président du Conseil et son langage démocratique gagnaient la confiance des travailleurs, les révolutionnaires ont pris conscience des responsabilités de certains votes. Et sur cette même question grave de la Bourse du Travail qui, quinze jours avant les aurait trouvés unis contre le gouvernement, il se trouvèrent désunis quand le Président du Conseil eut parlé.

Sembat avait présenté un ordre du jour purement révolutionnaire qui semblait devoir rallier tous les membres de l'Unité. Puis, à l'heure décisive du vote, comme le Président du Conseil avait tenu des propos que l'on n'est pas habitué à entendre dans la bouche d'un premier ministre, les amis de Sembat lui dirent : « Si le ministère est renversé, quelles responsabilités devant le prolétariat! Vas-y tout seul. Tout ce que nous pouvons faire pour la pureté et l'intégrité des principes, c'est de nous croiser les bras en te laissant la responsabilité de ton initiative. » Et Sembat fut seul à voter son ordre du jour. (*Rires.*)

Huit jours après, nouvelles difficultés sur l'expulsion de l'abbé Delsor. — Nous sommes contre toutes les expulsions. Mais celle-ci se présentait devant le Parlement dans de telles conditions que le groupe révolutionnaire se divisa à nouveau et, une fois de plus, rompit son unité de vote. Et plus ils avanceront dans la carrière, plus nombreuses naîtront les difficultés, — de sorte qu'eux aussi, avec leur organe directeur, aboutissent à la même situation que vous déplorez dans notre parti.

La vérité, citoyen Ducos de la Haille, c'est que s'il est possible d'unifier la pensée, il n'est pas possible d'unifier le geste qui l'exprimera.

Une voix. — Et la tactique ?

Briand. — La tactique, citoyens, est absolument différente selon les hommes et les tempéraments, — et la bonne foi peut être égale et entière chez tous.

Vous pouvez au sein du Comité interfédéral envisager les intérêts du parti d'un point de vue très général, vous ne pouvez d'avance discuter sur des incidents parlementaires que vous ne connaîtrez qu'après que la question aura été résolue par un vote. Il vous est matériellement impossible d'arriver à l'unité de direction que vous réclamez.

J'ai dit les choses très loyalement. Il faut qu'entre nous il n'y ait pas de suspicion, qu'il soit bien entendu que délégués du Congrès, membres du Comité interfédéral, députés socialistes, nous sommes tous égaux, animés d'une même espérance et faisant tous le même effort pour réaliser l'idéal socialiste du prolétariat.

S'il en est qui ont la préoccupation de diminuer les élus, ils diminueront le parti. Voilà tout. Et plus tard, dans la politique où vous-mêmes serez engagés, vous subirez les inconvénients de l'attitude que vous aurez prise ici. Je suis convaincu que nous nous mettrons d'accord, et c'est parce que je l'espère, que je vous ai dit toute ma pensée, avec l'intention, soyez-en convaincus, de ne froisser ni de désobliger personne. (*Applaudissements prolongés.*)

DISCOURS DE UHRY ET DE LONGUET

Nous n'avons pu, à notre grand regret, nous procurer les discours de Uhry et de Longuet. Ils furent les seuls à préconiser la transformation du Comité interfédéral en comité directeur en opposant à la politique du groupe parlementaire la politique marxiste — ou plutôt, pour être juste, envers la mémoire du grand socialiste allemand, la politique marxiste telle que l'interprètent ou la déforment Jules Guesde et Paul Lafargue.

Uhry, sans repousser explicitement la méthode réformiste, insista cependant avec force sur les dangers qu'elle présente, de faire perdre de vue au prolétariat les conditions essentielles de son affranchissement. Il importe, dit-il en substance, que le parti socialiste n'oublie jamais que le prolétariat ne peut accéder au pouvoir qu'après avoir vidé ce pouvoir de tous les éléments bourgeois qui en font un instrument de domination de la classe possédante. Le prolétariat, dont le parti socialiste est l'expression politique, veut se substituer à la bourgeoisie, non partager avec elle. Ce partage est d'ailleurs impossible. Et c'est l'erreur quotidienne commise par le groupe parlementaire, quand il transige avec le pouvoir, de croire que les avantages qu'il retire de ses compromissions compensent les inconvénients de toute nature qui en résultent. C'est ainsi qu'on a vu, au cours de la législature qui vient de s'écouler, les socialistes de notre parti repousser un projet d'assurance sociale et lui préférer un projet d'assistance qui constitue une misérable aumône faite au prolétariat. Il faut mettre fin à ces errements déplorables en instituant un comité chargé de donner au groupe parlementaire une impulsion plus conforme aux principes qui sont la raison d'être du parti socialiste.

Jean Longuet, dans un discours où il passa en revue les divers modes de direction et de contrôle existants dans les partis socialistes étrangers, reprit avec plus de force l'argumentation précédente. S'appuyant sur le passage d'un discours de Jaurès prononcé l'année précédente à Bordeaux, il dit que l'absence de la gauche révolutionnaire du parti socialiste, laissait sans contrepoids la droite légaliste et réformiste imprimer à ce parti par l'organe du groupe parlementaire, une direction qui tend de plus en plus à confondre le parti socialiste avec les autres fractions de la gauche démocratique. A la Chambre, les élus socialistes sont hypnotisés par la question ministérielle, par les contingences politiques quotidiennes. Ils oublient trop que les députés socialistes représentent un parti de classe et qu'il doit avoir plutôt le souci de garder le contact avec les masses profondes du prolétariat qu'avec les autres groupements de la démocratie bourgeoise, en dehors de laquelle et contre laquelle évolue le socialisme.

L'attitude des élus parlementaires a eu pour conséquence de faire perdre le contact du parti socialiste avec les organisations ouvrières qui se détachent de lui de plus en plus. Il cite à l'appui les événements récents de la Bourse du Travail.

Le citoyen Gustave Rouanet répondit à Longuet et à Uhry.

DISCOURS DE GUSTAVE ROUANET

Rouanet. — Les partisans de la revision des statuts invoquent trois ordres de faits et d'arguments, en faveur de leur proposition.

Il faut reviser les statuts, d'abord, parce que dans l'organisation actuelle, avec les rapports existant entre le Comité interfédéral et les députés socialistes, le parti ne peut exercer sur ces derniers un contrôle suffisant. A la Chambre, nous disait hier le citoyen Ducos de la Haille, les élus se meuvent et respirent, évoluent dans un milieu où ils sont portés naturellement à perdre contact avec le parti socialiste et à s'affranchir du contrôle que ce parti a le droit d'exercer sur eux.

On s'appuie également sur un deuxième ordre de faits, tiré des nécessités de la propagande. Cette propagande est notoirement insuffisante. L'insuffisance provient de ce que le groupe parlementaire ne donne pas au Comité interfédéral tout le concours qu'il devrait lui apporter, pour lui permettre de faire face aux sollicitations que de toutes parts les groupes lui adressent. Et le Comité interfédéral est désarmé, car il n'a pas les pouvoirs de nature à exiger des députés socialistes le concours auquel il a droit.

Et puis enfin, une raison plus haute, celle qui domine ce débat, a été formulée par le citoyen Longuet. Jean Longuet nous a dit en substance : « Il y a dans le parti deux tendances : l'une, plus près des masses profondes du prolétariat, avec lesquelles elle veut rester en contact, qui veut faire l'unité socialiste, parce que c'est par cette unité seule que le parti arrivera à être le représentant véritable de la classe prolétarienne, à vivre de sa vie, de ses aspirations, de ses tendances réelles. Et l'autre, la tendance démocratique, qui est celle du groupe parlementaire. »

Je voudrais en quelques observations très rapides vous montrer que ces trois sortes de faits invoqués par les partisans de la revision des statuts ne résistent pas une minute à l'examen.

Et d'abord je prendrai, de ces raisons diverses, celle qui m'apparaît comme la moins importante, tirée de ce que le groupe parlementaire ne répond pas avec assez d'empressement aux appels de propagande que lui adresse le Comité interfédéral. On ne peut raisonnablement baser sur un grief semblable un projet aussi important que celui de la revision des statuts. Je ne nie pas que parmi nous, quelquefois, on ne soit porté à trop se désintéresser des besoins de propagande qui se manifestent au sein des fédérations. Il est possible que le groupe parlementaire ne donne pas tout l'effort de propagande qu'il pourrait donner. Toutefois, il arrive aussi que des membres du groupe parlementaire sont plus particulièrement demandés par les fédérations, d'où l'impossibilité de répondre favorablement aux appels du Comité interfédéral. Certains de nos collègues se trouveraient de ce fait dans l'impossibilité d'assister à aucune séance de la Chambre et des commissions, pris qu'ils seraient exclusivement par leur propagande dans le pays.

Ducos de la Haille. — Ils travailleraient tout autant !

Rouanet. — Le travail de la propagande dans le pays et le travail parlementaire ont chacun leur utilité. Nous n'avons pas été élus députés seulement pour faire de la propagande dans les départements. Vous vous trompez étrangement si vous pensez qu'il est indifférent que les cinq ou six membres du groupe parlementaire plus particulièrement demandés par les fédérations s'absentent complètement des séances de la Chambre et des commissions.

Mais est-ce que le Comité interfédéral n'aurait pas à son tour quelques reproches à se faire sur ce point ? Est-ce que la propagande qui constitue à cette heure l'objet principal de sa mission, il l'organise avec la vigilance, l'activité et l'esprit de suite dont les statuts lui font un devoir ? J'ai lu, dans la collection des bulletins du parti, une déclaration signée Rebins où il est dit que ce citoyen donne sa démission, parce que, aux séances de la commission de propagande, il était toujours seul et qu'il lui était impossible de prendre à lui seul des décisions au nom de tous ses collègues de la commission absents. Et il concluait : « Je donne ma démission. »

Une voix. — Rebins a bien fait de prendre cette décision quand il a vu que les demandes adressées au groupe parlementaire ne recevaient jamais de réponse favorable.

Rouanet. — S'il était vrai comme vous le dites, que le groupe parlementaire ne répond jamais aux demandes du Comité interfédéral, le citoyen Orry ne vous aurait pas lu la longue liste où sont énumérées les nombreuses conférences faites par des membres de ce groupe au nom du comité... (*Bruit.*)

... Ce que je dis là n'est pas de nature à soulever les passions. Je constate seulement que le Comité interfédéral est indiqué par les statuts pour organiser la propagande, et celle-ci ne consiste pas uniquement dans la propagande des députés. Or vous vous plaignez de ne pouvoir remplir votre tâche. Ici, j'arrive au second grief formulé, celui du citoyen de La Haille.

Vous établissez dans le Congrès comme dans le bulletin du parti, une distinction entre les élus qui siègent au Parlement d'une part et les élus socialistes qui siègent au Comité interfédéral de l'autre.

Les élus du Comité interfédéral, je n'ai pas entendu un seul d'entre vous convenir qu'il y aurait également un contrôle à établir de ce côté, qu'ils devraient être aussi complètement responsables vis-à-vis de leurs électeurs que le sont les membres du groupe parlementaire vis-à-vis du parti.

Vous ne pouvez pas établir deux catégories d'élus : la catégorie des élus parlementaires qui sera celle des suspects et la catégorie des élus fidèles ayant tous les droits de contrôle et de direction et qui seront les membres du Comité interfédéral.

Mais ce qui s'agite ici, c'est, comme le disait tout à l'heure le citoyen Longuet, un conflit entre deux tendances : la tendance que le citoyen Longuet a portée à cette tribune et la tendance représentée par le groupe parlementaire.

LONGUET. — Il y a pas mal de votes où le groupe parlementaire n'est pas toujours du même avis.

ROUANET. — Lorsque j'affirme l'unité du groupe parlementaire, j'affirme cette unité au point de vue des tendances et de la doctrine. Comme l'a dit le citoyen Briand, nous sommes tous placés sur le même terrain de démocratie sociale dont les grandes lignes ont été tracées par le programme de Tours et les divergences de vues dont on parle sont tout à fait secondaires. La preuve, c'est qu'il n'y a pas un seul membre du groupe qui songe à condamner ou à blâmer le vote différent de son voisin...

... Ici, ce n'est pas avec le même esprit et du même cœur que nous envisageons la question de revision des statuts sur laquelle nous différons. C'est que, comme vous l'a dit le citoyen Longuet, d'un côté il y a une minorité qui a parfaitement le droit de propager ses doctrines, d'essayer de les faire prévaloir au sein du parti, et de l'autre une majorité. Ce que la minorité n'a pas le droit de faire, c'est, sous prétexte que ses tendances la rapprocheraient plus près que nous du prolétariat, qu'elle imprime au parti socialiste sa marque exclusive, en s'emparant de la direction du parti.

Je prétends, citoyen Longuet, que nous sommes aussi rapprochés que vous, plus près que vous, des masses profondes du prolétariat ; je prétends que nous pouvons parler en son nom avec autant d'autorité que vous. Et lorsque vous nous signalez le mouvement syndicaliste qui s'est créé, je vous demande si vous êtes bien sûr de ne pas avoir été pour une part, dans la formation de ce mouvement...

LONGUET. — Voilà bien la dernière des choses dont je pouvais me douter.

ROUANET. — Je veux dire, citoyen Longuet, êtes-vous certain de ne pas avoir contribué à la formation de ce mouvement, lorsque vous étiez dans les rangs du parti ouvrier français et encore maintenant, en formulant la théorie de la lutte des classes, telle qu'on l'invoque aujourd'hui contre nous ? Le mouvement syndicaliste, c'est, en effet, l'interprétation étroite de la lutte des classes telle que Longuet et Uhry l'ont apportée ici tout à l'heure...

Une voix. — Il y en a beaucoup d'autres comme Deville qui étaient de cet avis.

ROUANET. — Je dis que ce mouvement est la conclusion logique de votre compréhension de la lutte des classes, qui n'est pas celle inscrite dans la déclaration et le programme de Tours.

Que dites-vous en effet ? Nous sommes un parti en opposition absolue avec tous les partis bourgeois. Ce n'est, disait tout à l'heure un orateur, que le jour où on aura vidé le parti bourgeois de toute sa puissance politique et de toute sa puissance économique, que la classe prolétarienne rentrera en possession de sa pleine puissance politique et par elle de sa puissance économique. Et les syndicalistes vous disent : L'État de classe, nous ne devons avoir rien de commun avec lui, avec aucune de ses manifestations, aucune des tentatives pour enlever une parcelle du pouvoir politique de la classe bourgeoise, parce que nous savons qu'il faudra enlever à la bourgeoisie sa vie totale, pour que la classe ouvrière soit mise soudainement et totalement en possession du pouvoir économique. Et ils en concluent que le parlementarisme, les formes politiques auxquelles vous vous arrêtez encore constituent de vaines apparences, de pures illusions. Plus logiques que vous, allant jusqu'au bout des prémisses que vous posez et dont vous n'osez pas tirer toutes les conséquences, ils concluent encore : Pas de politique, organisez-vous syndicalement, organisez-vous corporativement ; n'entrez pas dans ces officines, dans ces parlottes de Comité interfédéral où il n'y a que des corrompus ; les uns sont des corrompus, les autres, des candidats à la corruption; c'est seulement au sein d'une classe ouvrière organisée, dans ses syndicats, dans ses groupements corporatifs, se détachant des vaines illusions et des apparences de forme politique, que la révolution sociale germera, s'organisera, qu'elle s'élaborera pour vider totalement le pouvoir politique et le pouvoir économique de la classe bourgeoise.

Citoyens, je prétends que ce mouvement syndicaliste est un mouvement purement de surface, qu'il ne représente pas du tout les consciences ni les tendances du prolétariat. C'est vous qui par la propagation de la théorie de la révolution totale, devant venir à une heure prochaine donner au prolétariat toutes les jouissances matérielles et intellectuelles auxquelles il a droit, encouragez ce mouvement syndicaliste, purement de surface...

Une voix. — Et vous aussi.

Rouanet. — ... et de politiciens, caricature à la fois de vos propres théories et du mouvement syndical véritable, du mouvement corporatif réel et vivant.

Et, en effet, nous savons comment fonctionne la Bourse du Travail de Paris ; nous savons quels sont les éléments acquis à l'action directe, et à la lutte de classes sur le terrain exclusivement économique et corporatif. Est-ce que les syndicats des Omnibus, du Livre, des Égoutiers, est-ce que les syndicats de tous les autres travailleurs de la ville de Paris participent à ce mouvement ? Non, citoyens, ils n'y participent pas. Ils sont tyrannisés par des minorités qui grâce à certaines intrigues de couloirs (car il n'y a pas de couloirs seulement à la Chambre, mais aussi dans notre parti et même jusqu'à la Bourse du Travail) qui, par certaines intrigues sont parvenus à s'emparer de l'administration et à parler au nom de la classe ouvrière.

BERNIER. — Qu'ils ne représentent pas du tout !

ROUANET. — Eh bien ! citoyens, ce serait pour le parti socialiste français à la fois une faute irréparable qu'il commettrait, et en même temps, je le dis tout haut, une lâcheté, s'il se croyait tenu de capituler devant les exigences, les injures et les campagnes systématiques de calomnies par lesquelles on nous traitait de « jaunes » hier, et par lesquelles on continuera à nous traiter de jaunes demain, même quand votre compréhension de la lutte de classe qui s'est rapprochée si singulièrement de la leur deviendrait la ligne directrice du parti. Oui, ce serait une lâcheté pour le parti socialiste français, et ce serait en même temps une faute irréparable, parce que vous donneriez à ces éléments qui n'ont pas de consistance dans le pays, la force qu'ils n'ont pas réellement. Et, alors, savez-vous ce qui arriverait ? Il arriverait ceci, que le recrutement du parti socialiste serait tari parce qu'une minorité en aurait pris la tête.

Et quand je dis que c'est une minorité qui serait à la tête du parti, il me semble, citoyens, que cela ressort suffisamment des faits apportés ici et de la façon dont se recrute le Comité interfédéral.

En somme que voulez-vous ? Vous voulez diriger les actes du groupe parlementaire... Les diriger pourquoi et comment ? Parce que, dites-vous, nous ne représentons pas véritablement le parti socialiste. Le parti socialiste c'est vous. Mais vous êtes donc des élus ? Quel contrôle est établi sur la façon dont vous remplissez vos fonctions dans les fédérations ? On connaît le contrôle exercé sur les membres du groupe socialiste et par l'opinion publique et par les électeurs. J'ai beau interroger l'histoire du Comité interfédéral, malgré la succession, la multiplicité des représentants d'une même fédération, je n'ai jamais vu qu'aucun membre du groupe interfédéral ait été contrôlé par sa fédération, au point de provoquer un désaveu ou un blâme contre aucun élu. Il y a des fédérations qui sont représentées par un titulaire votant dans un sens et par un suppléant votant dans un autre. Et selon que ce serait l'un ou l'autre qui dicterait au groupe parlementaire la ligne de conduite, nous devrions suivre celle-ci ou celle-là. Nous risquerions d'ailleurs d'être blâmés le lendemain si nous étions jugés, contrôlés par les membres de l'autre fraction, représentant les mêmes fédérations.

Est-ce que vous ne sentez pas, citoyens, qu'il y a là véritablement une tentative impuissante ? Oh, je sais bien, et le citoyen Uhry me le disait hier, que certains ne sont pas embarrassés. Je demandais hier au citoyen Urhy : « Quand vous avez une décision embarrassante, que faites-vous ? — Moi, je télégraphie immédiatement à Garrigou, me répondit-il, Garrigou est mon mandat impératif. Je dois obéir à ce qu'il me dit. » Mais Garrigou, à qui s'adresse-t-il ? (*Rires.*)

Une voix. — Gérault-Richard, à qui s'adresse-t-il ? A la Guadeloupe ? (*Rires.*)

Rouanet. — Le mandat impératif suppose quelqu'un qui commande, qui a le droit de commander. C'est la fédération. Et vous me dites : La fédération, c'est Garrigou. (*Rires.*)

Uhry. — Garrigou fait partie de notre fédération.

Rouanet. — Je l'appellerai X... si vous voulez. Vous me dites : Je m'adresse à X... Eh bien, mais X... est secrétaire de la fédération de l'Algérie. Il y a trois départements dans l'Algérie. Est-ce que véritablement, vous pensez que X..., consulté par vous par dépêche, sera suffisamment éclairé sur l'objet pressant que vous indiquez à peine, puisque vous le consultez par dépêche ? Est-ce que vous pensez que votre secrétaire en Algérie aura le temps de consulter la fédération ?

Uhry. — Un mot. Le citoyen Rouanet a demandé si lorsque je télégraphie à Garrigou, Garrigou consulte la fédération. Eh bien, je vais vous répondre. Voilà la lettre qui a été envoyée par le citoyen Garrigou à propos de la question Millerand.

« Cher citoyen,

« Mon retard est uniquement causé par la nécessité dans laquelle je me suis trouvé avant de vous répondre utilement de consulter la fédération. C'est maintenant chose faite. Comme vous le pressentiez, les comités d'Alger, de Constantine et d'Oran, à l'unanimité, ont décidé que M. Millerand n'avait plus rien à faire avec le parti socialiste... »

Rouanet. — Pardon, citoyens, il s'agit ici d'un cas absolument spécial connu depuis longtemps ; non pas d'une situation urgente. Cette question Millerand, on a eu le temps de l'étudier, les comités ont eu le temps de se réunir ; mais je dis qu'en règle générale le contrôle des fédérations que vous voulez exercer sera un contrôle purement illusoire, le contrôle tout au plus des secrétaires de groupes si le secrétaire général de la fédération les consulte. N'avons-nous pas vu dernièrement dans le département de l'Aisne un secrétaire général qui, sans jamais consulter le comité fédéral ni les groupes, télégraphiait à son délégué de voter dans tel ou tel sens.

Donc, citoyens, en somme, voici ce que vous voulez instituer dans le parti socialiste, et j'appelle toute votre attention sur la gravité de ce que vous allez faire. Vous allez avoir deux représentations : l'une, la représentation élue du suffrage universel qui non seulement est placée sous le contrôle direct des électeurs, mais encore sous le contrôle direct et permanent des comités qui les ont élus et de la fédération à laquelle ils appartiennent ; au-dessus vous allez placer une seconde représentation, celle-là ne relevant que d'elle-même ou d'un nombre d'électeurs tellement minime que le suffrage restreint du Sénat est quasi un suffrage universel à côté de celui que vous voulez mettre à la base du Sénat interfédéral.

Je vous dis que ce que vous faites là est quelque chose d'excessivement dangereux. Et maintenant, si vous le faites, pourquoi voulez-vous le faire ? Je m'exprime ici sans passion, mais je voudrais que nous nous rendions compte de ce que nous voulons et que nous disions nettement ce que nous ne voulons pas.

Vous voulez imposer une direction au groupe parlementaire parce que vous savez que les fédérations ne peuvent se faire représenter que par des Parisiens ; parce que vous savez qu'il existe dans les milieux parisiens des quantités de groupes émiettés, des quantités de groupes morcelés, où le révolutionnarisme surchauffé excite et surexcite quotidiennement les esprits. Et c'est par les amis que vous avez dans ces milieux, si différents de la province, mais qui correspondent mieux à votre politique, que vous voulez faire représenter le socialisme français.

Et bien, je vous dis, citoyens, que vous n'arriverez pas davantage au but que vous poursuivez, même quand vous aurez institué ce sénat révolutionnaire — que dis-je, ce comité directeur, plus qu'un comité du salut public, imposant ses volontés au groupe parlementaire et par le groupe parlementaire aux fédérations, dépouillées du contrôle de leurs élus. Je dis que même alors, citoyen Longuet, vous n'arriverez pas au résultat que vous vous proposez. Vous n'arriverez pas à faire que dans ce pays de France, qui est la patrie de la Révolution française et du socialisme... (*Bruits. — Interruptions.*)

ROUANET. — ...Est-ce que je n'ai pas le droit de rappeler, comme on l'a fait pour l'Allemagne, les conditions de développement historique particulier à la France ?

Je vous dis que votre méthode de lutte de classe, quoi que vous fassiez, vous ne la ferez pas prédominer dans ce pays, où le socialisme est intimement lié et soudé par toutes ses racines profondes à la démocratie. Je dis que la conception que vous vous faites de la classe ouvrière, de ses revendications purement économiques, que toute cette métaphysique, en France, il sera impossible de l'acclimater, de l'adapter, et que, par conséquent, ce que vous allez faire en imposant votre tendance au groupe parlementaire de démocrates-socialistes consistera tout simplement à ralentir son action, à l'énerver, à l'affaiblir, et vous affaiblirez en même temps l'œuvre de réforme que nous pouvons accomplir. Et la preuve la plus immédiate et la plus tangible de ce que j'avance ici, elle m'est fournie par le citoyen Urhy. Comment, vous, citoyen Urhy, qui lisez le *Journal officiel*, qui êtes un lettré, qui par votre profession, par votre culture ne vous laissez pas prendre aux subterfuges démagogiques dont certains abusent pour s'efforcer de mettre le parti socialiste français dans l'embarras, comment avez-vous pu dire ici, à cette tribune, que les principes de l'assistance, tels que la Chambre les a définis, tels que les socialistes les ont définis, c'était une aumône! Non, il n'est pas vrai que la loi sur l'assistance aux vieillards, votée par la Chambre en 1903, ait été considérée comme une aumône faite au prolétariat par la démocratie. Cela n'est pas vrai. On a proclamé que le fait d'être un homme constituait un droit à la vie (*Applaudissements prolongés*) et que, au dessus des hasards et des conjonctures de l'assurance, avant que d'organiser l'assurance il fallait proclamer que tous les êtres humains ont droit à la vie. Voilà ce que nous avons affirmé et fait voter.

Fournier. — C'était la première fois que ce principe socialiste était reconnu à la Chambre.

Rouanet. — Parfaitement, c'était la première fois. Et parce que derrière nous, des jaloux et des envieux, sachant très bien que leur surenchère n'avait aucune chance de réussir, que même en provoquant le vote ils ne feraient pas repousser la réforme, vinrent opposer un projet d'assurance obligatoire, vous nous blâmez d'avoir voté la loi sur l'assistance! Et savez-vous pourquoi ils faisaient cela? Parce qu'ils se disaient : il s'en trouvera peut-être parmi eux quelques-uns qui se laisseront entraîner à cette démagogie; et ils nous auraient fait partager l'humiliation qu'ils s'infligent tous les jours à eux-mêmes en mettant dans l'urne un bulletin, avec l'espoir que ce bulletin sera insuffisant, ne comptera pas.

L'un d'eux, par exemple, avait déposé un projet de suppression des bureaux de placement contre lequel nous avons voté, vote qui nous a été reproché par le parti socialiste. Et il disait : « Nous pouvons le voter, ça ne sera pas adopté. »

Eh bien! nous ne voulons pas, nous, de cette hypocrisie, nous ne voulons pas de cette dissimulation, de ces subterfuges, nous voulons parler au peuple socialiste, aux prolétaires un langage assez haut, un langage assez net et assez clair pour les mettre en garde contre toutes les séductions de la démagogie. Et je vous dis, en terminant, citoyen Longuet : Prenez garde. Vous savez, en 1888, — j'ai appartenu à cette génération, — quelle humiliation a résulté pour la France socialiste de l'attitude de la majorité du parti socialiste. Parce que celui-ci avait fait jusqu'alors une propagande de démagogie et d'excitations vulgaires, le prolétariat enivré allait à celui qui annonçait la réalisation de toutes les promesses. Dans les milieux parisiens et dans quelques centres urbains, en vertu de la tactique que vous préconisiez tout à l'heure, qu'il faut toujours garder le contact, ils gardèrent si bien le contact qu'à un moment donné, sur la face de Guesde comme sur celle de Vaillant, soutenant la candidature Boulé, on ne distinguait plus la figure du socialisme de celle du boulangisme. » (*Applaudissements.*)

Copigneaux, membre du syndicat des travailleurs de la ville de Paris, Varèdes (des Ardennes), reprirent l'argumentation développée plus haut par Orry, Ducos de la Haille, Uhry et Longuet.

Le citoyen Jaurès prononça ensuite le discours suivant :

DISCOURS DE JAURÈS

Jaurès. — Si je demande à nos camarades de vouloir bien écouter mes explications sans m'interrompre, ce n'est pas, je les supplie de le croire, pour réclamer en ma faveur un privilège. C'est parce que je me suis brisé la voix avant-hier, que je suis obligé, tout à l'heure, d'aller donner une réunion à Saint-Chamond et que je serais physiquement dans l'impossibilité de donner les explications que je désire donner à nos camarades. C'est pour cela que je vous demande de m'apporter une attention soutenue et bienveillante.

Ce que je voudrais chercher avec vous, au risque d'être accusé, par Longuet, de chercher encore cette solution transactionnelle contre laquelle il vous a mis en garde, c'est le moyen d'atténuer quelques-uns des malentendus, quelques-uns des différends qui nous séparent. Je voudrais surtout chercher un moyen de préciser et d'accroître les contacts, les communications du groupe socialiste parlementaire avec le parti socialiste organisé et avec la classe ouvrière organisée, sans rien enlever au groupe socialiste parlementaire des initiatives et des responsabilités nécessaires qui selon moi lui doivent revenir.

Mais, citoyens, le moyen d'établir cette conciliation, ce n'est pas de nous discréditer systématiquement les uns les autres. Depuis deux jours, depuis que j'entends ici dénoncer successivement les vices du groupe parlementaire et les vices du Comité interfédéral, je me demande parfois s'il reste encore quelque chose du parti socialiste français. Et je ne peux pas oublier cependant, malgré l'âpreté de ces critiques réciproques, que le parti socialiste français continue, qu'il fait son œuvre, se développe, qu'il a en lui assez de ressort pour dissiper les malentendus passagers qui peuvent un moment entraver son action.

Citoyens, on reproche bien des choses au groupe socialiste parlementaire. Je ne veux pas insister sur certaines critiques qui, je l'avoue, m'ont personnellement affligé. Je ne crois pas qu'il y ait jamais eu sérieusement, dans le groupe parlementaire, ce conflit, cette sorte d'antagonisme des députés intellectuels d'une part, et des députés ouvriers de l'autre. Je crois et je vous affirme que cela n'est pas. Nous avons travaillé, peut-être avec des lacunes, avec des irrégularités, des différences peut-être d'assiduité, mais nous avons travaillé de bonne foi et en bonne camaraderie et, pour ma part, laissez-moi vous dire, à titre purement personnel, que depuis douze ans que je suis dans le Parlement, bien loin d'avoir rêvé pour quelques élus une sorte de monopole et d'accaparement, ma préoccupation constante a été d'encourager les nouveaux venus, de les pousser à la tribune, de leur indiquer, dans la mesure de mes connaissances, les points sur lesquels leur compétence et leur expérience professionnelle leur permettait de produire devant la Chambre l'effet le plus utile. Pour n'en citer qu'un exemple, j'appartenais, j'étais désigné par le Gouvernement au Conseil supérieur du Travail : c'était pour moi une fonction des plus agréables et que je trouve très importante. Je trouve que collaborer avec les délégués élus des organisations ouvrières à la préparation des projets de lois qui seront présentés au Parlement est une fonction des plus enviables. Dès que la nouvelle législature s'est ouverte, j'ai été le premier à dire que cette fonction devait appartenir de préférence à un de nos camarades ouvriers. J'ai donné ma démission, et c'est au profit de notre camarade Bagnol qu'a été dévolu par le Gouvernement le mandat dont je venais de faire l'abandon. Je n'insiste pas davantage pour marquer qu'il n'y a entre nous et qu'il ne peut y avoir entre nous aucune préoccupation de rivalité.

On nous dit : mais vous négligez la propagande, mais vous ne répondez pas à toutes les demandes qui sont adressées par les fédérations au Comité interfédéral... Citoyens, laissez-moi vous dire que beaucoup de nos amis sont volontiers antiparlementaires dans les critiques qu'ils nous adressent et peut-être parlementaires à l'excès dans le choix qu'ils font des hommes demandés par eux au Comité interfédéral. Or, l'heure est venue où le groupe parlementaire, tout en continuant cette œuvre nécessaire de propagande à laquelle nous n'avons jamais manqué, l'heure est venue, par la croissance même du parti socialiste, où sa fonction parlementaire et légiférante, quoi que nous en puissions désirer, l'absorbera de plus en plus. A mesure qu'une organisation se développe, une division du travail s'introduit, une fonction spéciale finit par absorber l'activité des mandataires déterminés, et à l'heure présente, nous sommes retenus au Parlement beaucoup plus, — citoyens, il faut vous en bien rendre compte, — que dans cette période de 1893 à 1898 où nous étions non seulement comme aujourd'hui une minorité, mais où nous étions une minorité persécutée, exclue de toutes les commissions et déchargée par là même d'une partie des responsabilités parlementaires. De 1893 à 1898 nous n'avions qu'à répondre aux assauts du pouvoir sur tous les terrains de combat au Parlement, qui n'était pour nous, nécessairement, alors, qu'un champ de bataille, comme sur les champs de grève, comme dans les réunions publiques, comme dans les combats électoraux.

Aujourd'hui, par un progrès du socialisme, que nul d'entre vous, j'imagine, ne s'avisera de regretter, les élus socialistes sont admis dans une proportion que les autres fractions républicaines dénoncent souvent comme excessive. Les élus socialistes sont admis dans toutes les grandes commissions : Commission d'assurance et de prévoyance sociale, Commission du travail, Commission de l'armée et des réformes militaires, Commission de la séparation de l'Église et de l'État, et il dépend très souvent, citoyens, de la présence ou de l'absence d'un de vos élus dans une de ces grandes commissions, que telle solution favorable à la classe ouvrière et aux intérêts du prolétariat soit adoptée ou soit repoussée. C'est ainsi que j'ai vu, à la Commission des retraites ouvrières, qui a terminé son travail, que c'est à une voix, à une seule voix souvent, que tenait l'adoption d'une disposition importante. C'est à une voix de majorité que pour ma part j'ai fait abaisser de soixante-cinq à soixante ans la limite d'âge à partir de laquelle les retraites seraient assurées dans tous les cas. Résultat bien insuffisant à coup sûr, considérable pourtant si le Parlement voulait l'enregistrer. Et j'ai constaté, ce jour-là, que la présence ou l'absence d'un élu dans cette question vitale avait un si grand intérêt que je me suis toujours appliqué à ne pas manquer, quoi qu'il advienne, à une seule des séances consacrées à l'examen des retraites ouvrières. Et de même Briand pourra vous dire, lui qui est rapporteur de la Commission de séparation des Églises et de l'État, que c'est à une voix de majorité, je crois bien, ou deux...

BRIAND. — Une voix.

JAURÈS. — ...à une voix de majorité, que le principe de la séparation a été admis par la Commission. C'est une voix de majorité qui a permis à la Commission, au lieu de se borner à une affirmation platonique de principes, d'entrer dans l'examen des détails d'organisation. Et c'est parce que nos camarades socialistes ont été assidus, parce qu'ils ont été exacts, parce qu'ils ont maintenu, par leur présence, le bénéfice de cette voix de majorité, que le problème de la séparation de l'Église et de l'État sera porté devant la Chambre dans cette législature avec un vote favorable de la Commission, avec un rapport fait par un socialiste et avec un système étudié qui ne permettra plus aux adversaires de la séparation de se dérober derrière aucun prétexte, qui les obligera à dire nettement s'ils veulent maintenir à l'Église, contre tout droit commun, un privilège exorbitant.

Citoyens, on pourrait multiplier les exemples et il en résulterait pour vous l'évidence qu'il ne faut pas vous étonner que le travail parlementaire prenne une part croissante dans la vie de vos élus.

Le citoyen Varèdes disait tout à l'heure : « Mais les socialistes n'ont été envoyés au Parlement que pour proclamer du haut de la tribune les principes généraux du parti. Ils n'ont pas à se préoccuper des réalisations impossibles par voie parlementaire et législative. » Voilà ce que disait le citoyen Varèdes. Je crois du moins que c'est là sa pensée et je le prie de m'excuser si je la dénature, mais en tous cas, c'est la pensée d'un certain nombre de militants. Et c'est une pensée qui, à mon avis, est une pensée de recul, de réaction sur la marche et l'évolution du socialisme. Un parti de minorité infime, un parti de secte, un parti qui n'a aucune chance d'incorporer à la réalité même une parcelle de son idéal, ce parti est réduit à une politique de pure manifestation de principes et de doctrines. Mais à mesure que notre parti grandit, qu'il rallie avec lui des masses croissantes du prolétariat, à mesure qu'il a derrière lui, avec lui une force croissante de la classe ouvrière organisée et du suffrage universel, à mesure qu'il étend directement sa force propre, et indirectement aussi par la part de réformes immédiates qu'il impose aux partis voisins, à partir de cette heure, par sa croissance même, par sa force accrue, le parti socialiste a plus de puissance, ayant plus d'efficacité.

L'heure est venue de se préoccuper, non pas toujours de pures manifestations de principes, mais des réalisations progressives dirigées par son idéal et aboutissant à des résultats pratiques.

J'ai été heureux, tout à l'heure, de constater qu'en ce point il y avait, malgré les reproches en partie mérités qu'il nous a adressés sur certains points, j'ai été heureux de constater qu'il y avait accord entre les vues du citoyen Copigneaux et les nôtres. S'il nous reproche de nous être trop écartés des organisations ouvrières, s'il nous reproche de n'avoir pas gardé avec elles un suffisant contact et une suffisante communication, de les avoir parfois découragées et meurtries par des votes qui les choquaient ou par une apparente indifférence, c'est précisément parce qu'il sent le péril qu'il y aurait pour la classe ouvrière découragée à s'engager dans la voie de la pure protestation et de l'anarchie stérile. C'est pour cela, parce que la classe ouvrière reste en communication avec la politique de réalisation nécessaire, que le citoyen Copigneaux demande au groupe socialiste parlementaire de rester en contact de pensée, d'esprit, de cœur et d'action avec la classe ouvrière organisée, et nous sommes prêts à reconnaître que nous n'avons peut-être pas fait, absorbés d'ailleurs par d'autres besognes, tout l'effort nécessaire. Il nous a avertis en ami sévère, mais en ami. Je l'en remercie, et nous tiendrons compte de ses avertissements. (*Applaudissements.*)

Mais il est donc entendu, pour lui comme pour nous, que la classe ouvrière ne doit pas seulement manifester, qu'elle ne doit pas seulement protester, qu'elle doit, avec nous et par nous, par elle-même et par ses délégués politiques et économiques, agir réellement, aboutir. Mais s'il en est ainsi et si nous devons nous, pour que notre action politique soit efficace, pour qu'il ne surgisse pas entre nous et le prolétariat un malentendu mortel, si nous devons, citoyen Copigneaux, être en communication constante avec vos organisations et en ce sens refaire ou compléter notre éducation, laissez-moi vous dire avec la même sincérité, avec la même honnêteté, que du côté de la classe ouvrière, même organisée, il y a aussi une éducation à faire. Et cette éducation je vais la préciser d'un mot : Il faut que sans jamais négliger ces vifs détails quotidiens par lesquels la vie ouvrière est attachée et par lesquels la politique d'un gouvernement ou d'une classe se manifeste en ces faits concrets jusque dans la vie quotidienne de la classe ouvrière, que sans négliger ces vifs détails, vous habituiez la classe ouvrière à regarder avec quelque attention le champ d'action où elle se meut, il faut que vous l'habituiez à ne pas sacrifier à un détail d'un jour, à une impression d'une heure produite par une circonstance particulière, les intérêts durables et permanents qui doivent résulter pour elle d'une politique à longue échéance. Je vous ai entendu, tout à l'heure, préciser les injustices, les abus de pouvoir dont souffraient quelques-uns de vos camarades syndiqués des services municipaux dans leurs rapports avec l'administration préfectorale. Et certes nous ne les méconnaissons pas. Certes, nous vous prions, non pas d'en référer aux conseils municipaux socialistes qui, au point de vue gouvernemental, sont impuissants, nous vous prions d'en référer sans cesse au groupe socialiste parlementaire qui commettrait un crime contre le prolétariat et contre lui-même, s'il n'était pas perpétuellement attentif à ces détails. Mais je vous prie, en retour, d'habituer le prolétariat à regarder aussi le mouvement d'ensemble et les résultats d'ensemble.

Oui, citoyen Copigneaux, nous savons très bien, non seulement que nous n'avons pas ébranlé la société capitaliste, non seulement que la force de la propriété individuelle bourgeoise a gardé encore ou toutes ses prises, ou du moins la plupart de ses prises sur les salariés; mais nous savons que même dans les limites de l'action modeste qu'un gouvernement de démocratie bourgeoise doit se tracer sous la pression du prolétariat, nous savons que même dans les limites de cette action modeste, il y a beaucoup d'erreurs, beaucoup de lacunes.

Nous savons que le Gouvernement, dans son ensemble, n'a pas toujours, même dans ses limites étroites, toute la bonne volonté qu'il devrait avoir; nous savons aussi que même lorsqu'il a cette bonne volonté, il n'est pas servi de façon efficace et loyale par tout l'appareil administratif, qu'on ne renouvelle pas en un jour l'esprit des administrations publiques, et que lorsque la bourgeoisie produit un Gouvernement de réforme, ce Gouvernement est souvent trahi lui-même par les organes que lui lèguent les périodes de réaction violente de la même bourgeoisie. Nous savons cela et nous en tenons compte. Mais regardez cependant : la situation légale des travailleurs municipaux était contestée, leur droit légal au syndicat n'était pas reconnu. C'est peu de chose, mais c'est quelque chose que, par une circulaire gouvernementale, le chef du Gouvernement ait déclaré qu'à son avis les travailleurs des services publics et municipaux avaient le droit légal de se syndiquer. Et c'est quelque chose encore, qui atteste, quoi qu'on en dise, l'efficacité de la politique de pénétration que nous avons suivie, c'est quelque chose encore qu'il n'est pas indifférent aux socialistes d'agir au delà même de ses limites.

Regardez le rapport de M. Barthou. Considérez cet homme qui, comme ministre de l'intérieur, m'infligeait et à nos amis verriers ici présents, à Baudot et à Aucouturier, un régime d'état de siège et de brutalités dont j'ose dire que depuis des années il n'y a pas eu l'équivalent. Je pourrais, moi aussi, m'aigrir de ces souvenirs, je pourrais moi aussi vous dire : qu'attendre de cet homme ? Nous ne pouvons en attendre que duperies et que pièges. Mais, au contraire, lorsque je constate que le même qui traquait, il y a six ans, des syndicats légaux, comme rapporteur de la Commission du travail, dans les questions syndicales, il est obligé, amené à proposer l'abrogation des articles qui limitent les droits de grève, quand je constate que c'est le même homme qui a inscrit dans la loi, pour qu'il n'y ait pas d'équivoque, la reconnaissance légale du syndicat des travailleurs municipaux et des services publics, lorsque je constate cela, bien loin de dire : on va à la dérive, nous sommes dupés, je constate la force croissante de la pensée et de la législation prolétarienne, qui oblige ceux qui furent contre nous les instruments les plus violents de la réaction bourgeoise, à devenir partiellement au profit du prolétariat, les instruments d'une politique réformatrice. (*Applaudissements.*)

J'ajoute qu'il n'est pas indifférent non plus que pour la première fois cette administration gouvernementale et préfectorale qui avait refusé aux municipalités le droit d'administrer en régie quelques-uns des grands services capitalistes, comme le service du gaz, il n'est pas indifférent que le même gouvernement, la même administration préfectorale, quelles que puissent être ses arrière-pensées et ses roueries, ait été obligé d'appuyer légalement et pris l'engagement d'appuyer le lendemain devant la Chambre le projet de la mise en régie. Les travailleurs municipaux, citoyen Copigneaux, vont s'agrandir et s'accroître d'une merveilleuse légion de travailleurs organisés qui pourront s'associer graduellement au contrôle même du service municipal et prépareront ainsi jusque dans la société et sous les conditions générales du capitalisme, un premier fragment, une ébauche rudimentaire, mais enfin une première amorce de ce collectivisme réel dont les fragments feront paraître aux yeux des plus aveugles le plan de l'organisation nouvelle de la production socialiste. (*Applaudissements.*)

Il se peut, citoyens, je ne le conteste pas, qu'il y ait dans mes paroles, à quelque degré que vous le vouliez, une part d'illusion involontaire et d'optimisme. Il se peut que nous nous exagérions l'efficacité immédiate de la méthode adoptée par nous ; mais laissez-moi vous le dire ici, cette méthode n'est pas radicalement fausse. Il est bon d'avoir cette confiance ; c'est par une confiance en eux-mêmes, en leurs efforts, en leur action, en leur méthode de croissante pénétration que les partis d'abord opprimés et accablés, s'élèvent peu à peu à l'expérience et au pouvoir. Et maintenant comment, ces malentendus ainsi écartés, les griefs excessifs dirigés contre l'action du groupe parlementaire dissipés ou, je l'espère, atténués entre nous, comment pourrons-nous régler l'action du parti socialiste, de façon qu'il y ait contact assuré, communication permanente entre le groupe socialiste parlementaire et le parti socialiste organisé ?

Citoyens, le Comité interfédéral, dans la constitution nouvelle qu'il nous propose, demande à avoir la direction politique de notre parti, et notez-le bien, il demande à l'avoir seul, il demande à l'exercer seul.

Le citoyen Orry, hier, quand il a, en quelques brèves paroles, justifié ce projet, a dit : Mais nous sommes conciliants, nous voulons collaborer avec vous, nous voulons nous unir à vous. Le texte que vous nous soumettez est clair au point de vue de la direction politique du parti socialiste, ce n'est pas même une collaboration que vous nous proposez, ce n'est pas même un partage de direction que vous nous proposez. Vous revendiquez pour vous, pour vous seul, Comité interfédéral, la direction politique des destinées du parti socialiste.

Orry. — Le groupe parlementaire y est représenté.

Jaurès. — Le citoyen Orry me dit que le groupe parlementaire y est représenté.

Je ne veux pas entrer, citoyens, dans la critique des détails, mais vous conviendrez bien que lorsque vous décidez, dans votre texte, que le groupe socialiste parlementaire aura un délégué par vingt-cinq élus, comme nous sommes trente, cela nous donne droit à un délégué et un sixième de délégué. (*Rires.*)

ORRY. — Même deux, avec deux suppléants, ce qui fait quatre.

JAURÈS. — C'est entendu. Ne chicanons pas, vous m'avouerez bien vraiment que dans un Comité interfédéral représentant 36 ou 38 fédérations, et par conséquent formé de 38 délégués titulaires des fédérations, ce n'est pas la présence d'un ou deux délégués du groupe parlementaire socialiste qui empêchera le Comité interfédéral d'avoir en fait, dans votre système, le monopole de la direction du parti.

Eh bien, je veux m'expliquer avec vous très nettement là-dessus. Oui, il est bon que le groupe parlementaire ne se sente pas isolé, il est bon qu'il soit en contact avec d'autres forces que la sienne. Ce n'est pas que je fasse aux élus le grief que quelques-uns de vous leur ont fait, de trop se préoccuper des suffrages qui n'ont pas été à l'origine exclusivement, essentiellement socialistes. Les élus ont avec leur comité socialiste un contrat qui assure l'intégrité de leur pensée, de leur doctrine et de leur action socialiste. Les élus sont périodiquement plongés, si je puis le dire, en ces congrès, dans la pensée vive et immédiate du prolétariat socialiste organisé. Si étant ainsi en contact avec le pur idéal socialiste, avec le parti socialiste organisé, ils se préoccupent en outre d'amener à eux, à leur doctrine, à la vôtre, à leur parti, au vôtre, le plus grand nombre possible de citoyens, de travailleurs, de démocrates, s'ils ont le souci passionné, eux qui sont minorité de devenir majorité, s'ils ont ce souci passionné, ne leur en faites pas un grief, car il n'y a pas de conquête possible des pouvoirs politiques si l'on n'a pas l'espérance et le dessein d'amener à soi le suffrage universel. Et quiconque veut amener à soi le suffrage universel, doit se préoccuper sans cesse, non pas de dégrader, non pas d'atténuer, non pas d'obscurcir le magnifique idéal qui est notre force, aussi bien que notre lumière, mais de chercher le moyen le plus efficace pour faire pénétrer cet idéal magique dans les esprits obscurcis encore de préjugés, qui pourraient y être réfractaires.

Prenez garde, si vous nous reprochez d'avoir le fanatisme de la majorité et l'obsession des majorités, prenez garde qu'à l'inverse, chez ceux qui critiquent et dénoncent, il y ait un fanatisme de minorité; qu'il y ait, à côté de vos grands syndicats puissants, organisés, de petits groupes syndicaux plus tumultueux que nombreux, qui se préoccupent surtout de maintenir leur syndicat à l'état de germe pour ne pas diminuer leur importance par rapport à la masse des ouvriers des grands syndicats. Et prenez garde aussi, vous, nos camarades du Comité interfédéral, vous qui nous dites : « il y a une corruption parlementaire »... Oh ! je sais très bien dans quel sens vous employez ce mot. Vous voulez dire, et je l'entends bien ainsi, que dans notre action quotidienne, dans la nécessité où nous sommes d'obtenir des résultats immédiats les plus décisifs possible, nous sommes peut-être exposés à faire des concessions aux dépens de nos principes. Je ne le crois pas, je crois que la doctrine socialiste a une telle force, une telle clarté, une telle fermeté, qu'elle prévient ces déviations. Mais prenez garde, il y a une autre corruption à laquelle vous êtes exposés. Tout milieu humain, quel qu'il soit, peut être en un sens dit corrupteur, lorsque l'homme est amené à s'y enfermer, à ne pas regarder au delà et à se créer un tout petit monde dont il se fait volontiers le centre. Eh bien, prenez garde que dans votre Comité interfédéral, il n'y ait ce que j'appellerai une corruption de la critique orgueilleuse!

Le Comité interfédéral ne peut pas, comme l'élu d'un Parlement, directement agir, il n'a pas reçu du suffrage universel et par délégation de la puissance souveraine du peuple, dans la démocratie, il ne peut pas remettre lui-même, à la minute décisive, dans l'urne, le bulletin blanc ou bleu qui décide de la direction des événements. Et s'il se borne à tenir compte des difficultés où se débattent les élus, s'il s'habitue à se représenter les obstacles où ils se heurtent, si par conséquent, même dans les circonstances difficiles de la vie parlementaire des partis, il s'habitue à être équitable, largement équitable, équitable avec bienveillance envers les élus socialistes, son rôle est beau, son rôle est noble; mais à certains égards, son rôle est ingrat. Il assume la responsabilité de cette action parlementaire qu'il approuve et il n'a pas cette sorte de joie humaine d'y participer lui-même directement. Alors, comme l'humanité (vous nous l'avez dit, un de nos camarades, en parlant des faiblesses du groupe parlementaire nous disait : ne vous offensez pas, c'est bien humain, et il avait raison), comme il est humain aussi que ceux qui ne peuvent pas agir directement cherchent peu à peu, à leur insu même, à affirmer leur personnalité propre, à se distinguer de ceux qui agissent, puis en s'opposant à eux, ceux-là chercheront peu à peu, dans les critiques systématiques et dans les dénigrements continus, l'affirmation personnelle qu'ils ne trouvent pas dans l'exercice direct de la délégation politique. (*Applaudissements.*)

Citoyens, ce péril, il ne peut être conjuré que si le Comité interfédéral lui-même est la représentation des vastes organisations socialistes. Ah! vous voulez soumettre non seulement au contrôle, mais à la direction, le groupe socialiste parlementaire, vous voulez créer dans le Comité interfédéral nouveau un organe non plus essentiellement de contrôle, mais de direction. Mais, il ne suffit pas de décréter une institution nouvelle, il faut que cette institution nouvelle prenne sa force à un milieu riche d'énergie. Or, je vous le demande, quelle est la force que représentera le Comité interfédéral ainsi investi non seulement du contrôle mais de la direction exclusive et souveraine?

Il y a, dans notre démocratie française, dans la vie historique de notre démocratie et de notre prolétariat trois grandes forces : la première, c'est la barricade, je n'en parle pas, ce n'est pas que je refuse le débat avec Longuet sur la possibilité qu'un jour le parti socialiste puisse être acculé à recourir à la force. Je n'exclus pas systématiquement cette hypothèse, je ne la pose pas non plus en ce moment. Mais je dis que les circonstances sont telles qu'on peut dire que si le Comité interfédéral n'avait d'autres fonctions que de continuer l'action révolutionnaire de la barricade, s'il n'avait d'autre force que de continuer de représenter cette tradition de l'action révolutionnaire violente, vous conviendrez bien qu'il n'aurait aucun point d'appui, et cette source historique d'énergie démocratique, socialiste et révolutionnaire n'existe pas pour lui.

Il y en a une autre, c'est l'organisation syndicale. Certes, je me féliciterais si, comme en Belgique, les grands syndicats venaient prendre place en grand nombre dans notre parti socialiste organisé, et s'ils pouvaient avoir des délégués au Comité interfédéral. J'entends bien qu'ils en ont, en ce sens qu'il y a des fédérations qui comptent des syndicats ouvriers, mais il n'en est pas moins vrai qu'ils n'ont pas le droit de nous dire que l'ensemble de la classe ouvrière organisée syndicalement, sera représentée par des délégués au Comité interfédéral. Et de même que le Comité interfédéral n'aura pas pour s'appuyer la force révolutionnaire de la barricade, de même qu'il n'aura pas pour s'appuyer la force de la classe ouvrière organisée, il n'aura pas non plus l'autorité exceptionnelle qui donne et qui confère, dans notre pays, en vertu de ses traditions, l'action politique. Ah ! vous pouvez en médire, vous pouvez vous en défier, il n'en reste pas moins vrai, comme Rouanet l'a démontré en quelques paroles décisives, que ce qui distingue le prolétariat révolutionnaire français de tous les autres prolétariats du monde, ce qui l'a mis, pendant une longue période à l'avant-garde du mouvement prolétarien, comme la bourgeoisie française avait été à l'avant-garde du mouvement révolutionnaire français, c'est que, depuis cent vingt ans, depuis la Révolution française, le prolétariat a toujours conservé l'espérance de conquérir, au profit de ses revendications économiques, le pouvoir politique. Le prolétariat de France a eu cette éducation historique extraordinaire, qu'à l'heure où éclatait la révolution bourgeoise, où la bourgeoisie révolutionnaire prenait en mains la direction du monde nouveau, cette bourgeoisie révolutionnaire s'est heurtée à tant de trahisons royales, à tant de coalitions européennes, qu'elle aurait sombré si le prolétariat inorganique de 1893-1894 n'avait pas mis la force musculaire de ses bras ouvriers au service de la révolution bourgeoise menacée. Mais le lendemain de toutes ces journées où le prolétariat mettait son cœur et ses muscles au service de la révolution bourgeoise, le lendemain de ces journées, après le 14 juillet, après le 10 août, après les journées de septembre, après le 31 mai, le prolétariat de France naissant à peine, se taillait comme récompense une part de souveraineté prolétarienne dans la souveraineté bourgeoise sauvée par lui. Et voilà comment le prolétariat français, seul des prolétariats du monde, a trouvé la force politique, l'action politique, l'espérance politique jusque dans ce berceau de la révolution bourgeoise où il semblait qu'il fût seulement capable de vagir et de pleurer. (*Applaudissements.*)

Eh bien, cette tradition, elle est restée la sienne; cette force, elle est restée la sienne, et toujours, avec Babeuf, avec les conspirateurs des sociétés secrètes de la Restauration et de Louis-Philippe, toujours avec la Commune, avec Blanqui, toujours le prolétariat a espéré que c'est de l'action politique que sortira pour lui l'émancipation sociale. En un sens, citoyen Copigneaux, et je suis tout prêt à la reconnaître avec vous, cause de force mais aussi cause de faiblesse, on est injuste pour nos ouvriers quand on leur dit: vous ne cotisez pas, vous n'avez pas l'habitude des organisations patientes et méthodiques des ouvriers anglais organisés dans leurs syndicats, des ouvriers allemands organisés dans leur parti. Oui, il n'a pas cette habitude, il faudra qu'il la prenne, mais il ne l'a pas encore, parce que l'histoire a fait dériver vers d'autres espérances et vers d'autres moyens d'action, les énergies que le prolétariat anglais a gardées pour sa seule action syndicale; parce qu'il n'était pas capable encore de donner la grande action politique que le prolétariat allemand a gardée pour son organisation méthodique de parti de classe, parce qu'il n'avait pas et qu'il n'a pas dans la moelle ce frisson des journées révolutionnaires et cette espérance de l'action socialiste.

Notre prolétariat français, c'est lui qui a conquis le suffrage universel, au 10 août, en s'emparant des Tuileries. Le prolétariat allemand c'est de Bismarck qu'il l'a reçu, et voilà pourquoi le prolétariat français a toujours eu l'habitude d'attendre de l'action politique, et voilà pourquoi il a aujourd'hui la passion d'attendre du suffrage universel et de son action politique, plus que n'en attendent le prolétariat anglais et le prolétariat allemand.

Et voilà pourquoi, quelles que puissent être vos objurgations aux élus, vos critiques aux élus, ils représentent aujourd'hui en France, dans le socialisme, quelle que puisse être leur insuffisance, leur incapacité personnelle, quels que puissent être leurs votes, ils représentent aujourd'hui dans la conduite historique du prolétariat français, une force de premier ordre, les signes et les rappels de ses efforts passés, l'annonce et la certitude des victoires futures. (*Applaudissements.*)

Et alors, sur quelle force, votre Comité interfédéral s'appuiera-t-il?

Vous ne voulez pas, j'imagine, que nous allions jouer ensemble une comédie, vous ne voulez pas donner à votre Comité interfédéral un semblant de contrôle et un semblant de direction. Ce ne sont pas les décrets, les paroles, les formules d'un congrès socialiste, même dans un parti discipliné qui peuvent donner artificiellement la force à une institution qui n'aurait pas substantiellement cette force, et comme votre Comité interfédéral n'ayant plus la direction du mouvement des rues et des barricades qui paraît tout au moins suranné n'a pas cette force...

CIPRIANI. — Ça viendra.

JAURÈS. — ... il n'a pas non plus la force de l'organisation syndicale corporative et il n'a pas la force de l'action politique puisqu'il ne tient pas son mandat du suffrage universel, puisque, au contraire, cette force du pouvoir politique, exceptionnelle en France, elle appartient précisément à ces élus que l'on veut placer sous la direction du Comité interfédéral. En sorte que vous posez un problème qui paraît insoluble et paradoxal, celui de confier la direction politique d'un parti qui ne peut vouloir révolutionnairement que par un coup de force, économiquement que par les syndicats, politiquement que par la représentation parlementaire; vous tentez ce paradoxe, de confier la direction d'un parti en qui se cumulent ces trois forces, à un organe dans lequel vous ne pouvez en placer aucune! Et alors, ou bien nous aboutirons à l'impuissance ou bien il faut que votre Comité interfédéral trouve ailleurs son point d'appui, il faut qu'il trouve ailleurs l'aliment de sa force.

Eh bien, cet aliment nouveau de la force du Comité interfédéral, il existe; elle se forme lentement, peu à peu, cette force nouvelle au moyen de laquelle le Comité interfédéral pourra devenir non pas soudainement mais au fur et à mesure de sa croissance même, un organe sérieux de contrôle et de direction commune avec le groupe socialiste parlementaire. Cette force à peine naissante (et que vous allez tuer parce que vous voulez lui demander trop vite plus qu'elle ne peut vous donner, cette force, ce sont les fédérations autonomes, ce sont les fédérations départementales. Elles ne peuvent valoir que par leur autonomie même, elles ne peuvent valoir que par ce qu'elles seront dans un milieu donné, circonscrit, pénétrable certes à la vaste influence du socialisme national et du socialisme international, mais dans un milieu défini. Et le jour où, dans votre Comité interfédéral aura passé réellement, substantiellement la force et la pensée des fédérations autonomes, ce jour-là, le Comité interfédéral sera l'expression d'une force réelle pouvant concourir réellement, je ne dis pas à la direction exclusive, mais tout au moins à la direction du parti socialiste organisé.

Oui, mais ce que vous imaginez, ce que vous nous proposez,

c'est précisément la suppression ou la débilitation de ces fédérations autonomes. Elles avaient un commencement de force et d'autorité parce qu'elles délibéraient d'abord avec elles-mêmes, sur place ; dans chaque département, groupes socialistes, syndicats ouvriers fraternellement rapprochés, pouvaient échanger leurs impressions à toute heure, constituer une unité vivante, Et voilà que vous allez prendre dans le Rhône, dans la Gironde, dans les Pyrénées-Orientales, cette force vive des fédérations autonomes et que vous construisez comme pour le transport de la force, un fil conducteur qui amènerait cette force à Paris au Comité interfédéral. Mais, comme les fédérations autonomes ne peuvent pas encore avoir des délégués bien à elles, vraiment imprégnés de leurs pensées, de leurs habitudes, de leur esprit, il en arrive, de ces transports de la force socialiste ce qui arrrive pour les transports de toutes les autres forces avec des mécanismes encore incomplets. Presque toute force se perd en chemin et il est impossible... (*Applaudissements prolongés.*)

... Il est impossible de retrouver au point d'arrivée les vives énergies qui commencent à se créer, à s'élaborer dans ces centres multiples, isolés. Ici dans ces congrès ce ne sont pas des délégués fictifs des fédérations, ce ne sont pas des seconds délégués, ce ne sont pas des hommes dont les fédérations ne connaissent presque ni le nom, ni la pensée, ni la figure, ni la conscience socialiste. Ce sont les délégués qui viennent vraiment apporter ici la pensée directe des fédérations et le contrôle que vos élus viennent recevoir ici, c'est bien la direction des fédérations, c'est bien le contrôle des fédérations. Le Comité interfédéral, c'est la suppression du contrôle et de la direction. (*Applaudissements.*)

Alors, quelle solution est-ce que je vous propose ? Est-ce que je vous propose de maintenir purement et simplement le *statu quo ?* d'accepter cette centralisation énorme que le Comité interfédéral vous propose. Car il est entendu que c'est le Comité interfédéral, dans votre système, qui tracera la direction politique générale, c'est le Comité interfédéral qui tracera suivant la formule du citoyen Varèdes les lignes générales de la politique. Oh ! le citoyen Varèdes ne veut pas que le Comité interfédéral entre, tous les jours, dans les contingences de la politique parlementaire et, à un moment, j'étais tenté de le remercier, j'étais tenté de me dire qu'il sauvegardait la nécessaire indépendance des élus dans l'action parlementaire de chaque jour. J'ai eu moins de reconnaissance lorsque je me suis aperçu, par la lecture des articles suivants, des paragraphes suivants de son considérant, que s'il déniait au Comité interfédéral le droit d'intervenir dans les [illegible]ils de notre action parlementaire, ce n'était pas pour respecter notre [illegible]erté, c'était pour ne pas prendre part à nos déviations et à nos compromissions nécessaires. Le citoyen Varèdes conçoit le parti comme divisé en deux classes : il y aurait les socialistes supérieurs et immaculés qui seraient chargés...

VARÈDES. — Pas du tout, vous lirez mon ordre du jour.

JAURÈS. — Nous le relirons, si vous voulez. Je l'ai lu déjà avec beaucoup de soin.

Vous déclarez que le Comité interfédéral s'abstiendra d'entrer dans les détails de l'action parlementaire et des votes parce que tout d'abord il ne pourrait pas utilement intervenir à toute minute dans ce mécanisme de l'action parlementaire; et ensuite parce que les élus sont obligés par les contingences parlementaires à tant de déviations, à tant de méconnaissance des principes, qu'il est bon qu'en dehors d'eux, sinon au-dessus d'eux, sur des hauteurs sereines où les compromissions parlementaires et politiciennes n'atteindront pas, siègent les purs représentants de l'idéal socialiste réunis dans un Comité interfédéral immaculé. Voilà, citoyens, la conception qu'on vous apporte des rôles respectifs du Comité interfédéral et des élus socialistes.

Mais enfin, vous aurez beau décider que le Comité interfédéral n'interviendra pas dans le détail des votes, vous aurez beau limiter l'action du Comité interfédéral à tracer les grandes lignes, à donner, à l'ouverture de la session les indications générales, vous ne nous direz pas comment il faut soutenir un ministère, mais vous nous direz : soutenez-le et débrouillez-vous. (*Rires.*)

Vous ne nous direz pas comment il faut renverser un ministère, vous nous direz : renversez-le et débrouillez-vous. C'est compris. Mais, si lorsque cette consigne générale nous aura été donnée, ce plan politique général indiqué, lorsque cette formule aura été promulguée, s'il y a désaccord entre le groupe socialiste parlementaire et le Comité interfédéral, sur l'application qui sera faite de ce plan, qui sera arbitre ? qui sera juge ? Et s'il y a un élu qui dit : « Moi, je prétends avoir loyalement et honnêtement appliqué la formule générale tracée par le Comité interfédéral », et si cet élu dit : « Vous me le contestez. Je ne peux pas vous accepter, pour juge, vous Comité interfédéral, qui déclarez ne pas vouloir entrer dans les détails du contrôle, parce que vous ne pourriez pas être à la fois juge et partie ». A qui l'élu va-t-il faire appel ?

Une voix. — Au Congrès !

JAURÈS. — Au Congrès dans un an, mais tout de suite ? Nous y sommes ! il va faire appel à la fédération. Et alors voilà que les conflits ne se produisent plus entre l'élu et le Comité interfédéral, les conflits se produisent entre le Comité interfédéral et la fédération ou les fédérations qui auront pris peut-être (c'est une hypothèse que vous ne pouvez pas exclure d'avance), qui auront pris peut-être parti pour leur élu. Et alors où sera la force du Comité interfédéral ? Ce n'est plus à l'élu qu'il aura affaire. Et s'il entend imposer, lui, avant le congrès, l'acceptation de sa formule telle qu'il l'entend, non plus aux élus, mais aux fédérations, vous voyez bien que ce n'est pas l'autonomie de l'élu qui est compromise, mais l'indépendance de la fédération qui est supprimée. (*Applaudissements.*)

Et jamais, vous m'entendez bien, le Comité interfédéral, trop éloigné des fédérations pour leur emprunter toute cette énergie dont je parlais tout à l'heure, jamais il ne pourra prononcer, sur les fédérations elles mêmes, la sentence décisive sans laquelle toutes ses admonestations aux élus couverts par leurs fédérations resteront vaines et tout à fait inefficaces. Alors, c'est l'impuissance officiellement constatée du Comité interfédéral, et vous le discréditez, vous le ruinez moralement pour avoir voulu lui faire assumer un fardeau supérieur à sa force véritable. Il sera obligé, lui et les fédérations, d'en appeler au congrès annuel. Et ainsi, en fait, il n'y aura d'autre contrôle, d'autre direction, que celle du congrès annuel où nous comparaîtrons les uns et les autres. Seulement, pendant toute l'année il y aura des conflits irritants d'attributions, des querelles du Comité interfédéral, des fédérations, et pour n'avoir pas voulu centraliser à l'excès la direction du parti, vous l'aurez précipité dans une anarchie auprès de laquelle les inconvénients dont nous souffrons aujourd'hui ne sont qu'une bagatelle. (*Applaudissements*).

Eh bien, la vérité, c'est qu'il faut rapprocher le groupe parlementaire socialiste des fédérations, mais des fédérations elles mêmes. Et voici comment, pour ma part, je concevrais la double addition, la double modification à nos statuts, par laquelle il me semble que satisfaction pourrait être donnée à ce qu'il y a de légitime dans vos préoccupations. Oui, il n'est pas bon que les votes, que l'attitude du groupe socialiste parlementaire soient une surprise pour le Comité interfédéral ; il n'est pas bon que le Comité interfédéral soit appelé à juger après coup des actes et des votes dont il n'aura pas connu d'avance la direction générale. Et, pour ma part, la première chose pratique qui me paraît possible, c'est celle-ci. C'est que, à l'ouverture de chaque session parlementaire il y aurait obligatoirement une réunion (*Mouvements divers*) (oh ! n'espérez pas que je vous donne plus que je ne veux vous donner)... qu'il y ait une réunion, une délibération commune, des délégués des fédérations et des élus du groupe socialiste parlementaire.

On examine ensemble la situation, les délégués du Comité interfédéral disent : « Nous croyons être l'interprète de nos fédérations en conseillant aux élus d'adopter telle ou telle politique, telle ou telle attitude. » On en discute au groupe socialiste parlementaire, on garde après discussion sa liberté de décision et sa responsabilité sauf sanction devant le Congrès. Il est impossible qu'il ne garde pas sa liberté de décision.

Je vous ai montré tout à l'heure l'impuissance où serait le Comité interfédéral de faire appliquer une formule générale. Il faut donc que le groupe socialiste parlementaire garde sa liberté d'action, pour garder à la fois sa force nécessaire et sa responsabilité nécessaire. Seulement il n'y aura plus de surprise. Si le groupe parlementaire se trompe, s'il voit mal les choses, sa situation sera d'autant plus difficile devant le Congrès et sa responsabilité d'autant plus sûrement engagée que le Comité interfédéral lui aurait indiqué d'avance, la convenance, l'utilité socialiste d'une politique différente. Et, avant que ce malentendu se soit aggravé, le fait seul de cette première délibération provoquera l'attention des fédérations départementales, lesquelles délibéreront à nouveau sur le problème posé, et le groupe socialiste parlementaire sera certainement averti par bien des moyens de l'impression favorable ou défavorable produite dans les fédérations mêmes par la politique qu'il aura adoptée sous sa responsabité.

Voilà le moyen qui me parait utile pour prévenir bien des malentendus, le plus possible de malentendus, tout en laissant au groupe socialiste parlementaire cette liberté d'action que vous ne pouvez pas lui ôter sans lui ôter sa responsabilité nécessaire. Et puis il y a une seconde proposition que je me permets de vous faire.

Un citoyen, hier, demandait que chacun des élus aille, une fois par an (c'est le citoyen Nadi, délégué de la Drôme), dans toutes les fédérations départementales. C'est matériellement impossible. Il y a 38 fédérations. Notre idéal est qu'il y en ait 86, par conséquent, il est impossible que les élus socialistes aillent dans 40 départements dans une année. Ils ne siégeraient plus au Parlement. Ils ont de la besogne à faire au Parlement. De plus, dans ce système, chacun d'eux irait individuellement et ne pourrait pas apporter à la fédération auprès de laquelle il se rendrait le témoignage authentique de la pensée du groupe socialiste parlementaire. Au contraire, supposez que vous conceviez une France divisée en cinq ou six grandes régions, groupées autour de quatre ou cinq grandes villes. Je ne demande pas qu'il se constitue des fédérations régionales englobant et subordonnant les fédérations départementales. Pas le moins du monde. Mais supposez que tous les trois mois le groupe socialiste parlementaire soit tenu de désigner officiellement une délégation chargée de préparer, sur son activité politique pendant le trimestre qui vient de s'écouler et d'aller porter ce rapport et le défendre devant les délégués des fédérations autonomes d'une région déterminée convoqués dans la grande ville qui est le centre naturel de cette région ; ainsi, sans trop de frais, de la part des délégués véritables et authentiques des fédérations autonomes, vous avez le contact réel, permanent, du groupe socialiste parlementaire et des fédérations autonomes elles-mêmes. Croyez-moi bien, si, dans l'année, le groupe parlementaire est obligé d'aller rendre compte officiellement de son mandat parlementaire dans quatre ou cinq de nos grands centres : à Lyon, à Lille, à Marseille, à Bordeaux, s'il est obligé, là, de discuter sa politique, non plus avec des délégués lointains et dont il peut suspecter l'autorité, mais avec des délégués effectifs des fédérations venant lui apporter les faits précis, les impressions toutes vives et toutes sincères, il est impossible que le groupe socialiste, ainsi averti, ne tienne pas le plus grand compte de la pensée des fédérations autonomes. Il est impossible que les fédérations autonomes, ainsi en communication constante avec l'action du groupe socialiste parlementaire, ne puissent pas comprendre et, au besoin, quand elles les ont approuvés, défendre les actes politiques du groupe socialiste parlementaire.

Citoyens, la proposition que je vous fais là, je me garde bien de la soumettre même par hypothèse à votre acceptation immédiate. Elle vaut d'être étudiée. Je vous demanderai la permission de la défendre dans la commission, et je vous prie d'y voir le témoignage de sincère désir que nous avons, sans créer de conflit, d'établir entre nous et le prolétariat socialiste organisé, et la classe socialiste organisée, le maximum de contact, de cohésion, de façon que peu à peu les ténèbres se dissipent, les malentendus disparaissent, les griefs s'atténuent, et que se forme vraiment, dans notre pays, l'unité socialiste du prolétariat en mouvement. (*Applaudissements prolongés.*)

Après un discours du citoyen Renaudel, la discussion sur la revision des statuts fut close.

La commission à laquelle les divers projets avaient été renvoyés adopta le texte ci-après, qui n'est, comme on peut s'en assurer, que la reproduction du projet développé ci-dessus par Jaurès.

Ducos de la Haille, sur la proposition de Jaurès, fut chargé de présenter le rapport au Congrès et après les explications de Ducos de la Haille, c'est à l'unanimité que le nouvel article 23 fut adopté. En voici le texte :

« ART. 23. — La direction politique du parti, dans l'intervalle des congrès nationaux et sous leur contrôle, appartient au Conseil national formé du Comité interfédéral et du groupe parlementaire, composé conformément à l'article 15 des statuts.

« En ce qui concerne les membres du groupe parlementaire qui ne remplissent pas actuellement ces conditions, ils seront admis au Conseil national sur leur déclaration de se conformer au plus tard au moment des élections prochaines à l'article 15 des statuts.

« Le Conseil national se réunit au moins à l'ouverture de chaque session ordinaire ou extraordinaire ou en cas d'urgence, sur la convocation des secrétaires de deux groupes.

« Les décisions sont prises à la majorité des voix.

« Le quorum ne sera atteint que lorsque la moitié des membres au moins de chacun des deux groupes seront présents.

« Dans le cas où le quorum ne serait pas atteint, le vote sera approuvé dans une autre séance, où il suffira de la moitié des membres de l'un ou de l'autre de ces groupes pour que le vote soit valable.

« Les membres du groupe parlementaire ne peuvent être au Comité interfédéral que les délégués de la fédération qui les a élus. Les membres du groupe parlementaire qui seront délégués au Comité interfédéral ne disposeront au Conseil national que d'une seule voix.

« Le contrôle sera réglé par l'article 37 des statuts.

« Le Conseil national fera à la clôture des trois sessions parlementaires des comptes rendus de mandat collectifs en des points de la France choisis par lui. Pour ces comptes rendus, le Conseil national nommera une délégation composée de membres du groupe parlementaire et du Comité interfédéral à lui désignés par chacun des deux groupes.

« A ces comptes rendus seront convoqués les délégués des fédérations les plus voisines de la ville où aura lieu la réunion. Le Conseil national sera chargé de régler dans le détail les modes selon lesquels seront organisées ces réunions périodiques. »

Avant de se séparer, le Congrès vota le manifeste suivant sur la guerre russo-japonaise :

Citoyens,

La guerre engagée entre la Russie et le Japon démontre une fois de plus que dans l'état présent du monde et des sociétés, la paix est précaire et toujours menacée. Le régime capitaliste qui crée tout ensemble des antagonismes de classes et des rivalités de groupements humains acharnés à la poursuite du profit, contient des germes multiples de conflit et de guerre; ou plutôt il est une possibilité permanente et chronique de guerre et de conflit. Il y aurait donc folie à croire qu'il suffit de proclamer la beauté de la paix, d'ébaucher des institutions d'arbitrage. Il faut encore et surtout que le prolétariat universel, organisé pour une vaste revendication commune, fasse équilibre aux forces de guerre, latentes ou déclarées, que le capitalisme porte en lui. Il faut que l'harmonie socialiste des intérêts humains, se substituant au choc violent de la concurrence capitaliste, assure dans le monde la paix et la justice. Et le devoir essentiel e permanent du prolétariat est de conquérir nationalement et internationalement un suffisant pouvoir pour qu'il puisse instituer la paix humaine.

Mais si la guerre est, dans le régime du capitalisme, de la concurrence et du profit, une possibilité chronique et une tentation constante, elle n'est pas une fatalité inexorable. Dès maintenant, il dépend de la clairvoyance des peuples, il dépend de la sagesse des démocraties inspirées par le prolétariat, de prévenir les conflits, ou tout au moins d'en limiter les effets.

Il y a un intérêt de premier ordre pour le monde et pour la France, pour le prolétariat universel et pour le prolétariat français, à circonscrire la guerre engagée entre le Japon et la Russie. La difficulté est d'autant plus grande pour les socialistes français que les termes de l'alliance franco-russe sont enveloppés encore d'une obscurité que depuis dix ans aucune demande d'explication n'a pu dissiper. En toute occasion, le Parti socialiste a insisté pour que la France fût informée des engagements pris en son nom et à son insu. Il a demandé la publication du texte et des clauses de l'alliance en des périodes calmes, où on ne pouvait prétexter aucune crainte de complication internationale pour refuser à la France la lumière à laquelle elle a droit. Toujours, le parti socialiste s'est heurté à une fin de non-recevoir absolue et des insensés l'ont accusé de trahison à l'heure même où il servait le mieux les intérêts de la France. Nous protestons une fois de plus contre la prétention intolérable, contraire à tous les principes du droit public dans une démocratie, de lier le pays, en des questions vitales, sans qu'il consente ou même qu'il connaisse les obligations arbitrairement contractées en son nom.

Cette obscurité a eu deux conséquences particulièrement funestes : d'abord, elle a permis à des chauvins ou à des habiles de tromper l'opinion sur le caractère de l'alliance franco-russe. Il semble bien qu'elle ait eu, au moins au début, un sens purement défensif, et qu'elle ait été fondée pour le maintien du *statu quo* territorial en Europe. Or, des naïfs ou des exaltés ont pu s'imaginer qu'elle était une préparation de la revanche, et le mystère dont elle était enveloppée a favorisé une agitation, superficielle sans doute, mais détestable. Elle est devenue ainsi, aux mains du parti nationaliste, un moyen de tromperie et de démagogie chauvine.

En second lieu, dans les ténèbres dont elle était couverte, l'alliance franco-russe a pu évoluer d'Europe en Asie. Au début, elle n'avait qu'un champ d'application européen. Bien que le texte n'en ait pas été officiellement publié et communiqué au Parlement, nous le savons avec certitude. La France s'engageait à soutenir la Russie, si celle-ci était attaquée par deux puissances européennes, et à propos d'intérêts européens. Dans les mêmes conditions, la Russie s'engageait à soutenir la France.

Toutes les complications qui pouvaient se produire hors d'Europe étaient écartées. La France ne se liait pas aux combinaisons et aux intérêts asiatiques de la Russie, et la Russie signifiait nettement qu'elle n'interviendrait, en aucun cas, pour soutenir en Egypte les intérêts de la France. Le *casus fœderis* était donc strictement limité en Europe.

C'est par un véritable coup d'Etat diplomatique que l'alliance franco-russe a été transportée d'Europe en Asie, au plus grand bénéfice de la Russie, au plus grand détriment et péril de la France. C'est sans l'aveu de la nation, c'est à son insu que l'alliance franco-russe a été déviée de son premier objet, portée loin du centre vital des intérêts de la France, et aiguillée sur le Transsibérien, vers les plus lointaines et les plus redoutables aventures.

Si demain la France était jetée dans la plus folle et la plus criminelle des guerres, si elle était exposée par les desseins de la politique russe en Manchourie, à un conflit funeste avec le Japon ou même avec l'Angleterre, ce serait par l'effet de cette déviation insensée, qui inquiète sans doute dans le pays et au Parlement plusieurs mêmes de ceux qui avaient approuvé l'objet premier de l'alliance.

Jusqu'à quel point notre diplomatie occulte s'est-elle liée? Le seul témoignage public de ses engagements est dans la note franco-russe de 1902. Dans cette note qui a suivi la manifestation de l'accord anglo-japonais, la France et la Russie s'engagent à délibérer du cas où l'intégrité de la Chine serait menacée.

Le ministre des affaires étrangères qui s'imagine sans doute que des communications officieuses à quelques députés sont moins dangereuses que les communications publiques au Parlement et au pays, a affirmé récemment que cette note était le seul document relatif aux rapports de la Russie et de la France en Extrême-Orient, que nul autre engagement n'avait été pris. S'il en est réellement ainsi, si notre diplomatie n'a vraiment contracté d'autres obligations que celles qui résultent de cette note, il est certain que même au point de vue diplomatique, la France n'est engagée en aucune manière et à aucun degré à intervenir en Extrême-Orient; car même si la prise de possession de la Mandchourie par la Russie était considérée comme une atteinte ou une menace à l'intégrité de la Chine, ce n'est certes pas cette hypothèse que la note franco-russe a prévue.

Mais des imprudents ou des perfides cherchent à étendre par voie d'interprétations au delà même des conventions diplomatiques, les prétendus engagements de la France. Le fait seul de l'alliance oblige la France, selon eux, en dehors même de toute stipulation précise, à soutenir en toute occasion et par tous les moyens le gouvernement allié. C'est une interprétation arbitraire et funeste, qui livrerait la vie de notre pays, sans limite comme sans contrôle à tous les hasards, à toutes les exigences et à tous les périls.

En fait, la France a déjà rendu à la politique russe en Extrême-Orient, des services décisifs. C'est le crédit de la France qui a aidé la Russie à construire la voie ferrée qui lui permet d'établir son influence sur les confins de la Chine, et de soutenir la lutte contre le Japon. C'est pour servir les intérêts russes que la France, en 1895, a aidé la Russie, au nom de l'intégrité de la Chine, à arracher du Japon la Mandchourie, qui d'ailleurs était occupée bientôt par la Russie même.

C'est pour servir la politique russe que la France, en Extrême-Orient, a assumé la responsabilité morale d'actes qui ont atteint le Japon dans ses intérêts comme dans sa fierté. Aller au delà, ce serait pour la France un suicide; aller au delà, ce serait pour le gouvernement et pour le Parlement, un acte de trahison envers la France.

Si l'Angleterre, alliée au Japon, et la France, alliée à la Russie, se laissaient aller à une pensée d'intervention, les deux grands peuples libres seraient jetés l'un contre l'autre, et ce serait un désastre pour l'humanité.

Le maintien des bons rapports entre la France et l'Angleterre est donc la meilleure sauvegarde de la paix du monde et une garantie nécessaire pour la civilisation.

Ceux qui raillent les efforts pacifiques qui ont été faits depuis quelques années oublient ou affectent d'oublier que si la guerre russo-japonaise avait surpris l'Europe à l'état de conflit, l'Angleterre et la France à l'état de défiance réciproque, toute l'Europe maintenant serait en feu.

C'est par la propagande de paix, d'arbitrage, d'entente cordiale que la guerre a pu être circonscrite.

Quiconque ne travaillera pas à prévenir entre l'Angleterre et la France tout malentendu et tout froissement, commettra un crime contre la civilisation et contre la France.

Nul n'oserait, aujourd'hui, ni dans le Parlement, ni dans le pays, prendre la responsabilité ouverte de déchaîner la guerre.

Les nationalistes mêmes, qui ont tenté de forcer le sens de l'alliance franco-russe, les réacteurs qui ont essayé d'en faire un instrument de réaction commencent à être effrayés de la responsabilité lourde qui pèse sur eux. Le pays, à la clarté soudaine du conflit russo-japonais, s'inquiète des engagements qui ont été pris en son nom; il se demande s'il n'a pas été dupé et s'il n'a pas été conduit au seuil de la guerre par la politique même qu'on lui présentait comme une sauvegarde.

Les plus audacieux n'oseront donc pas heurter directement la volonté de la France qui veut la paix. Le péril est dans les manœuvres sournoises et louches; il est dans un concert d'informations tendancieuses, il est dans l'intrigue de presse, système qui se développe et qui tend à préparer par degrés la France à une intervention qu'on n'ose pas lui proposer tout d'abord.

Nous mettons les prolétaires, les socialistes, tous les Français qui ont le souci de la France, en garde contre tous les entraînements et contre toutes les ruses.

C'est la paix que nous voulons maintenir et assurer, et nous opposerons à toute politique de guerre avouée ou sournoise une sage et inaltérable fermeté.

Nous déclarons une fois de plus la guerre à la guerre, diversion suprême et suprême espérance de la réaction. Et dans la paix affermie nous travaillerons à l'œuvre nécessaire de justice sociale.

www.ingramcontent.com/pod-product-compliance
Ingram Content Group UK Ltd.
Pitfield, Milton Keynes, MK11 3LW, UK
UKHW012110240726
13965UKWH00004B/1682